AF267828

Henri Dorizy

LES CHAMPS DE BATAILLE

DE

1815

WATERLOO

LIGNY — LES QUATRE-BRAS

GUIDE-ALBUM DE LA VISITE ET RÉSUMÉ HISTORIQUE

AVEC 34 PHOTOGRAPHIES, 74 VIGNETTES ET 5 CARTES

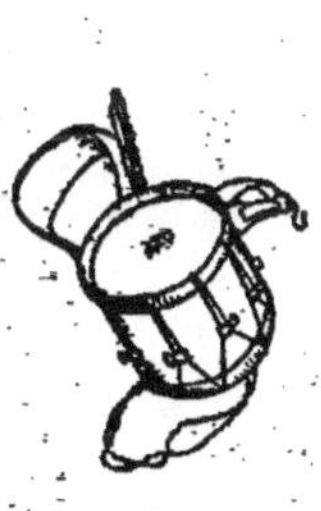
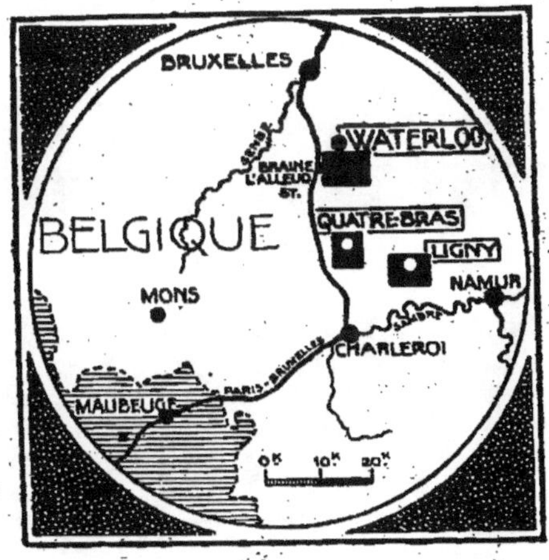

BERGER-LEVRAULT, ÉDITEURS

NANCY — PARIS — STRASBOURG

Henri DORIZY

LES CHAMPS DE BATAILLE

DE

1815

WATERLOO

LIGNY — LES QUATRE-BRAS

GUIDE-ALBUM DE LA VISITE ET RÉSUMÉ HISTORIQUE

AVEC 34 PHOTOGRAPHIES, 74 VIGNETTES ET 5 CARTES

BERGER-LEVRAULT, ÉDITEURS

NANCY — PARIS — STRASBOURG

N. B. — Ce guide avait été préparé pour le centenaire de Waterloo (18 juin 1915). Le travail d'impression en fut arrêté par la déclaration de guerre, et rien n'a été modifié de ce qui devait paraître.

Les photographies ont été prises en juillet 1914, peu de temps avant l'arrivée des Allemands sur le champ de bataille où, cent ans auparavant, les Prussiens décidaient du sort de la journée.

Si Blücher prit ce jour-là sa revanche d'Iéna, — si, plus tard en 1870, de Moltke défit une seconde fois l'Empire à Sedan, il est consolant d'avoir vu, un demi-siècle après, nos glorieux maréchaux de la grande guerre prendre la revanche définitive qui mettra fin aux appétits orgueilleux et barbares du militarisme allemand.

DU MÊME AUTEUR

LES CHAMPS DE BATAILLE DE 1870

Préface du Général LYAUTEY

Un volume in-8, avec 122 photographies et 10 cartes

(BERGER-LEVRAULT, Éditeurs)

« L'AIGLE BLESSÉ » DE GÉRÔME — MONUMENT FRANÇAIS

I

INTRODUCTION

◇ ◇ ◇ ◇

DE nombreux écrivains ont, depuis bientôt un siècle, avec des documents puisés là où on pouvait espérer les avoir conformes à la vérité, renseigné le monde militaire sur le grand drame de 1815.

Certains auteurs ont rejeté sur Napoléon les fautes, causes de la défaite. D'autres, au contraire, ont chargé ses généraux de toutes les erreurs qui ont amené le désastre.

Des étrangers, ceux surtout qui appartiennent aux alliés, critiquant à la fois le général en chef et ses lieutenants, n'attribuent la victoire de Wellington et de Blücher qu'à la valeur militaire de ces derniers, traitant leurs troupes d'invincibles, et leurs chefs de héros !

Comment, au milieu de ces appréciations diverses et si contradictoires, se faire un juste tableau de cette journée tristement mémorable qui vit sombrer, dans le sang et la déroute, celui dont le génie guerrier avait fait trembler l'Europe ?

Quelques historiens, comme Thiers, se sont employés à montrer Napoléon toujours en possession des grandes qualités qu'il avait déployées dans toutes ses campagnes.

D'autres, comme le lieutenant-colonel Charras, accumulent sur lui toutes les fautes en lui prêtant une mentalité affaiblie.

Il ressort cependant des nombreuses études parues sur ce poignant sujet que les ordres mal compris ou inexécutés par l'aile gauche d'abord (Ney) et ensuite par Grouchy à l'aile droite, les 15, 16, 17 et 18 juin, ont porté sur la journée de Waterloo un coup décisif.

Ce sont les critiques principales et les plus légitimes, basées sur les faits ou les ordres écrits retrouvés, et qui dépassent de beaucoup toutes les autres.

Sans s'attarder à étudier, au point de vue politique surtout, l'état d'âme de ces deux grands chefs qui avaient fait leurs preuves comme brillants entraîneurs de troupes à la victoire, on peut dire, avec la plupart des grands historiens, que ce sont surtout les manœuvres de Ney et de Grouchy qui, non conformes au désir de celui qui les avait conçues et préparées, traduisirent en un irréparable désastre le magnifique plan élaboré par le génie toujours vivace de l'Empereur.

Faut-il les rendre personnellement responsables, — l'un de son retard à prendre les Quatre-Bras, — l'autre de sa poursuite aveugle des Prussiens qu'il croyait tenir, alors qu'il n'avait devant lui que leur arrière-garde ?

MONUMENT DE GORDON

Il est osé, à cent ans de distance et avec les avis si contradictoires, de trancher une question de cette importance.

Ce n'est qu'en glanant impartialement dans les ouvrages et les documents sérieusement établis ou retrouvés, — en s'inspirant des auteurs sans parti pris, — qu'il est possible de se faire une idée, s'approchant de la vérité, de ces journées historiques qui ont, jusque dans la défaite, montré le courage, l'abnégation et l'héroïsme des troupes vaillantes qui acclamaient leur chef en volant à la mort !

Napoléon a pu commettre quelques fautes ; ses lieutenants ont dû contribuer à la défaite par leur manque d'à-propos et de coup d'œil, par la mauvaise interprétation ou la défectueuse exécution des ordres reçus, mais il est un fait indéniable et qui n'est l'objet d'aucune contradiction : c'est la tenue admirable de tous, chefs et soldats, dans la lutte pour le Drapeau. A Ligny comme à Saint-Amand, comme à Waterloo, nous les voyons couvrir de leur héroïque bravoure les fautes stratégiques de leurs chefs restés braves eux aussi devant l'ennemi.

Que ce soit les tirailleurs de Vandamme se faisant massacrer à Saint-Amand ; les régiments de Gérard entrant à Ligny sous la mitraille ; les lanciers de Piré culbutant aux Quatre-Bras le prince d'Orange ; les cuirassiers de Kellermann chargeant par quatre fois les carrés anglais de Mont-Saint-Jean sur des monceaux de morts et de mourants, leurs compagnons d'armes ; les héros de Hougoumont et de Haye-Sainte, ou les vieux brisquards de la Garde se faisant hacher sous les ordres d'un général à l'apostrophe immortelle ; tous, dans ces terribles et suprêmes mêlées des 16 et 18 juin 1815, écrivirent de leur sang une des pages les plus glorieuses de l'histoire de France. Ils furent sublimes une fois de plus dans la défaite, comme ils l'avaient été si souvent dans la victoire, sur tous les champs de bataille de l'Europe dont la longue liste s'étale sur les piliers de l'Arc de Triomphe, monument impérissable de gloire qu'aucun autre n'a jamais égalé.

Et s'il faut rendre hommage aux vieux vétérans, témoins de tant de victorieuses mêlées, il ne faut pas oublier les autres, ces jeunes soldats de 1814 qu'on avait vus un an auparavant sous le nom de « Maries-Louises », « soudainement arrachés au foyer et jetés « quinze jours après l'incorporation dans la fournaise des batailles. Ce nom de Maries-Louises « ils l'ont inscrit avec leur sang sur une grande page de l'histoire. C'étaient des Maries- « Louises, ces cuirassiers sachant à peine se tenir à cheval, qui à Valjouan enfonçaient cinq « escadrons et sabraient avec tant de fureur qu'ils ne voulaient pas faire de quartier. C'étaient « des Maries-Louises, ces chasseurs dont le général Delort disait au moment d'aborder l'en- « nemi : « Je crois qu'on perd la tête de me faire charger avec de la cavalerie pareille !... », « et qui traversaient Montereau comme une trombe, culbutant les bataillons autrichiens « massés dans les rues. C'était un Marie-Louise, ce tailleur qui, indifférent à la musique « des balles comme à la vue des hommes frappés autour de lui, restait fixe à sa place sous « un feu continu, sans riposter lui-même, et répondait au maréchal Marmont : « Je tirerais « aussi bien qu'un autre, mais je ne sais pas charger mon fusil. » C'était un Marie-Louise,

MONUMENT DES HANOVRIENS

« ce chasseur qui, à Champaubert, fit prisonnier le général Olsufjew et ne le voulut lâcher
« que devant l'Empereur. Des Maries-Louises, ces conscrits du 28e de ligne, qui, au combat
« de Bar-sur-Aube, défendirent un contre quatre les bois de Lévigny, en ne se servant
« que de la baïonnette ! Des Maries-Louises encore, ces voltigeurs, du 14e régiment de la
« jeune Garde, qui, à la bataille de Craonne, se maintinrent trois heures sur la crête du
« plateau, à petite portée des batteries ennemies, dont la mitraille faucha 650 hommes
« sur 920 ! Ils étaient sans capote par — 8° de froid, ils marchaient dans la neige avec des
« mauvais souliers, ils manquaient parfois de pain, ils savaient à peine se servir de leurs
« armes et ils combattaient chaque jour dans les actions les plus meurtrières ! Et pendant
« toute la campagne, pas un cri ne sortit de leurs rangs qui ne fût une acclamation pour
« l'Empereur. — Salut, ô Maries-Louises !... » (H. Houssaye, 1814.)

MONUMENT FRANÇAIS DU VERGER DE HOUGOUMONT

II

PRÉLIMINAIRES DE LA CAMPAGNE

◇ ◇ ◇ ◇

LE 1ᵉʳ mars 1815 Napoléon débarquait au golfe Juan, après avoir quitté l'île d'Elbe où il était exilé depuis le 4 mai 1814, avec un millier d'hommes et les généraux Bertrand, Drouot et Cambronne. Il se dirigeait vers Paris avec une escorte qu'il vit grossir à chaque pas, au milieu d'ovations enthousiastes d'une grande partie du peuple, mitigées par la crainte de tous ceux qui désiraient la paix.

Ce fut en Europe une véritable stupeur.

De suite la guerre réapparut, inévitable. Tous les ambassadeurs accompagnèrent le roi Louis XVIII dans sa fuite à Gand, et Napoléon n'eut de ce fait aucun représentant à l'étranger. Les puissances furent vite d'accord pour marcher à nouveau contre la France.

A l'intérieur, Napoléon eut contre lui tous les royalistes, y compris ceux qui l'étaient devenus à son départ pour l'île d'Elbe.

Les hauts fonctionnaires et ses anciens généraux se trouvaient fort embarrassés !

La situation politique et les troubles intérieurs causés par son retour étaient loin de lui rendre facile l'organisation de la défense du territoire devant les nouvelles menaces de l'étranger. Le Midi préparait la guerre civile, la Vendée se soulevait ; on tramait des complots.

Comme armée il n'y avait, à ce moment, sous les drapeaux que 100.000 hommes environ.

Dans cette situation difficile, l'Empereur s'occupa d'abord de l'organisation et de l'armement des corps à former : constitution du matériel, fabrication des fusils et des munitions, achats des chevaux, des effets d'habillement et d'équipement, des vivres et fourrages, ainsi que de la mise en état de défense des places fortes.

Puis il rappela sous les drapeaux les militaires en congé, admit des engagements volontaires, forma une garde nationale, et, par une succession graduée de mesures prudentes mais indispensables, parvint à réunir, au commencement de juin, une armée active de près de 300.000 hommes.

Il fallait constituer les corps d'armée et leur donner des chefs sûrs, que leur passé désignait à ces importantes fonctions. Ce fut encore une tâche difficile.

Que de généraux, en effet, avaient depuis l'abdication servi la cause royaliste, qui hésitaient à reprendre du service dans la nouvelle armée.

MONUMENT DES BELGES

Napoléon, il est vrai, se montra généreux et indulgent, témoin l'accueil qu'il fit à une réponse du général Rapp, chargé par Louis XVIII de l'arrêter au retour de l'île d'Elbe : « Auriez-vous osé tirer sur moi ? » lui demanda l'Empereur. — « Sans doute, Sire, c'était « mon devoir », répondit l'ancien aide de camp qui s'était illustré à Austerlitz, Iéna, Friedland et Dantzig. Il eut le commandement de l'armée du Rhin.

D'autres, trop compromis par leur hostilité à la cause napoléonienne, furent destitués ou mis à la retraite.

Ney, lui-même, ce héros de toutes les batailles, attira sur lui la colère de son ancien chef et compagnon d'armes et fut laissé de côté.

C'est seulement après les opérations préliminaires de la campagne qu'il reçut le commandement des 1er et 2e corps d'armée.

Une autre préoccupation de l'Empereur fut aussi le choix d'un major général pour remplacer « l'inremplaçable » Berthier, qui, comme les autres, eût été pardonné sans son éloignement de France, à l'heure où se passaient ces événements.

Soult assuma cette lourde tâche.

Il nous paraît intéressant, au moment où Napoléon constitue son armée et ses cadres, de rappeler très succinctement au lecteur le passé de ceux qui, sous les ordres de leur ancien chef, partout victorieux, allaient courir à nouveau contre l'ennemi envahisseur.

Le maréchal SOULT, duc de Dalmatie, avait quarante-six ans lorsqu'il sollicita et obtint le poste de chef d'État-major général. Il s'était distingué en 1793 à l'armée du Rhin, puis plus tard à l'armée du Danube, et s'était fait remarquer comme commandant de corps à Austerlitz. Il s'illustra en Espagne, mais comme ministre de la Guerre de Louis XVIII traita, dans une proclamation, son ancien chef d'usurpateur.

Le maréchal NEY, duc d'Elchingen, prince de la Moskowa, né en 1769, avait par conséquent quarante-six ans en 1815 ! De condition très modeste, il s'engagea au 4e hussards, à Metz, fit les campagnes de 1792 et 1794 et fut nommé général en 1796, à vingt-sept ans ! Maréchal en 1804, il acheva de se distinguer pendant les campagnes de 1805, 1806 et 1807 et surtout à Elchingen, Iéna et Friedland. Comme chef du 3e corps, il battit en 1812 les Russes à Smolensk et les écrasa à la Moskowa. Il couvrit la retraite de Russie avec une audace et un sang-froid admirables ! Son intrépidité et son dédain du danger lui valurent le surnom de « Brave des braves » ! Rallié à Louis XVIII, il fut chargé par ce dernier d'arrêter Napoléon, mais il céda devant l'enthousiasme des troupes.

Le maréchal MORTIER, duc de Trévise, est âgé de quarante-sept ans lorsque l'Empereur lui confie le commandement de la Garde impériale. Il assiste aux combats de Jemmapes, Wattignies et Fleurus. Général de division en 1799, il conquiert le Hanovre quatre ans après. En 1805 il écrase 30.000 Russes avec 4.000 soldats, se couvre de gloire

MONUMENT DU GÉNÉRAL DUHESME A WAYS

en Espagne et, en 1812, à la tête de la jeune Garde, il fait sauter le Kremlin. L'année d'après on le voit à Lutzen, à Bautzen, à Dresde et à Leipzig.

Le maréchal DROUET D'ERLON a quarante-neuf ans (c'est le plus vieux des chefs de corps) lorsqu'il reçoit le commandement du 1er corps. Sa conduite aux armées du Nord, de la Moselle et de Sambre-et-Meuse le désigne aux deux étoiles en 1799. Quatre ans après il passe divisionnaire, grade qu'il justifie avec gloire dans toutes les campagnes napoléoniennes.

Le maréchal REILLE n'a que quarante ans. Nous le voyons partir comme volontaire en 1792 et devenir aide de camp de Masséna. Il combat avec vaillance à Montenotte, Lodi et Arcole. Il suit Murat à Naples et reçoit en 1803 les étoiles de brigadier. On le retrouve à la Grande Armée ; il assiste aux batailles d'Iéna et de Friedland. Napoléon le prend comme aide de camp, puis le nomme comte en 1808. Il est présent à Wagram. Quoique partisan des Bourbons qu'il acclame en 1814, il remercie l'Empereur de vouloir bien ne se souvenir que de ses brillants services et de lui confier le commandement du 2e corps.

Le général VANDAMME, comte d'Unebourg, a quarante-cinq ans au moment du retour de l'île d'Elbe. Il s'est surtout signalé pendant la conquête de la Belgique et de la Hollande et aux armées de Sambre-et-Meuse, du Rhin et d'Italie ; Austerlitz lui procure l'occasion de s'illustrer une fois de plus ! Prisonnier des Russes, il est exilé en Sibérie et rentre en France en 1814. Il est resté fidèle à son Empereur qui lui confie le 3e corps.

Le général GÉRARD a quarante-deux ans seulement en 1815. Il s'est fait remarquer à Austerlitz ; il est nommé l'année suivante général de brigade. Il assiste à la bataille de Wagram et, pendant la retraite de Russie, est un de ceux qui contribuent le plus à sauver l'arrière-garde. Il est grièvement blessé à Leipzig mais peut encore faire parler de lui pendant la campagne de 1814.

Le maréchal LOBAU a quarante-cinq ans au moment où Napoléon le place à la tête du 6e corps. Volontaire de 1792, il gagne ses premiers grades aux armées du Nord et d'Italie et se distingue à Gênes avec Masséna. On le retrouve plus tard aide de camp de Bonaparte ; il assiste aux batailles d'Austerlitz et d'Iéna et obtient les trois étoiles en 1807. Il participe à la campagne de Russie, et figure à la bataille de Leipzig où il est fait prisonnier !

Le maréchal marquis de GROUCHY est général de division en 1794, à l'âge de vingt-huit ans. Il se rallie en 1804 au gouvernement de Napoléon qu'il suit dans ses principales campagnes en contribuant aux victoires d'Eylau, de Friedland, de Wagram et de la Moskowa. En 1815, il offre un des premiers ses services à l'Empereur qui lui confie sa cavalerie composée des quatre corps de Pajol, Exelmans, Kellermann et Milhaud.

MONUMENT DES PRUSSIENS DE PLANCENOIT

Tels étaient les hommes qui, sous l'impulsion de leur ancien chef, allaient conduire à de nouveaux combats l'armée nouvelle si rapidement reconstituée.

« Indépendamment de leurs qualités militaires innées, ils possédaient cette force, — « l'expérience, et cette vertu, — la jeunesse. Tous avaient fait plus de vingt ans la guerre « et aucun n'avait cinquante ans ! » (H. HOUSSAYE, *1815*.)

Mais leur confiance dans la victoire n'était malheureusement plus la même, trop renseignés qu'ils étaient sur les armements formidables de l'Europe coalisée. Cette crainte de l'avenir dut certainement contrarier chez quelques-uns de ces héros la volonté de vaincre.

Ces fameux généraux allaient se retrouver avec deux vieilles connaissances, Wellington et Blücher.

Wellesley, duc de WELLINGTON, avait déjà un passé glorieux en partie conquis en Espagne contre plusieurs de nos généraux lorsqu'en 1815, alors qu'il représentait l'Angleterre au Congrès de Vienne, Napoléon débarqua de l'île d'Elbe. Il fut nommé généralissime des armées alliées (il avait quarante-six ans) et prit le commandement de l'armée anglo-hollandaise.

Le feld-maréchal BLÜCHER, prince de Wahlstadt, était, avec ses soixante-treize ans, le doyen de ces illustres chefs qui allaient se rencontrer en un duel formidable : après les campagnes de 1793 et 1794 contre les Français, il se fit écraser par Davout à Auerstaedt, dut capituler à Lubeck, fut blessé à Lutzen, prit ensuite sa revanche sur Ney et Marmont, se fit battre encore en 1814, mais finit par rejoindre les alliés et rentrer avec eux dans Paris. Il fut chargé du commandement de l'armée prussienne.

Nombre d'écrivains militaires, nous l'avons dit, ont attribué, en grande partie, la défaite de Waterloo à Napoléon qui, d'après eux, n'était plus le même. La nouvelle coalition l'obligeait, il est vrai, en dehors de sérieuses préoccupations politiques, à une détermination rapide, à une action prompte et audacieuse. Pour obtenir la victoire, il lui fallait pouvoir attaquer et battre ses ennemis les uns après les autres.

Mais s'il y a lieu de penser que ces préoccupations furent multiples et plus impérieuses qu'à aucun autre moment de sa vie, il faut reconnaître que jamais non plus il ne se montra plus grand capitaine dans l'organisation rapide de son armée, dans la constitution de ses cadres et dans les ordres multiples et précis qu'il donna aux premiers jours de l'entrée en campagne.

Malgré les démonstrations et les préparatifs des alliés, Napoléon avait un moment espéré pouvoir éviter ou au moins ajourner une nouvelle campagne. En tout cas, l'incertitude dans laquelle il se trouvait sur les projets des coalisés et leur entrée en France ne lui permettait pas d'aller trop vite, quoiqu'il y eût cependant pour lui un intérêt capital à précipiter les événements.

MONUMENT DU DUC DE BRUNSWICK

Les alliés furent longs à se mettre d'accord sur les différents plans proposés. Enfin, on apprit au commencement de juin que quatre armées allaient opérer une marche concentrique sur Paris :

1º Wellington, alors en Belgique, avec 100.000 Anglo-Hollandais ;
2º Blücher, sur la Meuse, avec 115.000 Prussiens ;
3º 150.000 Russes en marche sur le Rhin ;
4º Schwarzenberg à la tête de 230.000 Autrichiens ;
5º Enfin (d'après Clausewitz), environ 60.000 Austro-Sardes réunis au nord de l'Italie !

C'était un effectif formidable de plus de 650.000 combattants auxquels l'Empereur allait être obligé de faire face !

Il conçut un moment le projet de réunir son armée sous Paris et d'y attendre les coalisés, aidé par la garnison.

Mais ce plan annihilait toutes ses qualités de stratège et immobilisait ses troupes. Il n'y trouvait pas l'emploi des savantes combinaisons dans lesquelles il excellait et se complaisait à la guerre ; son génie du mouvement opportun et rapide n'avait plus son utilisation !

Il choisit le plan le plus hasardeux, mais aussi le plus approprié à ses facultés, à son tempérament et à celui de ses chefs et de son armée, et prit la résolution d'aller attaquer dans leur gîte les différentes armées alliées avant qu'elles eussent le temps de se souder entre elles.

Avec son armée de 124.000 hommes rapidement concentrée pour le 15 juin à la frontière, il foncerait sur les Prussiens, puis sur les Anglais et se porterait ensuite au-devant des deux autres armées austro-russes.

C'était une conception des plus audacieuses, mais son auteur avait un passé qui l'autorisait à tout entreprendre avec foi dans la victoire !

Nous allons voir que si ses ordres avaient été bien exécutés, Napoléon eût réussi au moins la première partie de ses projets.

CAMPAGNE DE 1815

TABLEAU DES EFFECTIFS DES ARMÉES DU NORD

FRANÇAIS

			HOMMES	CANONS
Généralissime.		NAPOLÉON.		
Chef d'état-major		SOULT.		
Garde.		MORTIER.	21.000	122
1er corps	Ney	DROUET D'ERLON.	20.000	48
2e corps		REILLE.	25.000	48
3e corps		VANDAMME.	19.000	38
4e corps		GÉRARD.	15.000	38
6e corps		LOBAU.	10.000	32
Réserve de cavalerie GROUCHY.	1er corps. PAJOL.		3.000	12
	2e corps. EXELMANS.		3.600	12
	3e corps. KELLERMANN.		3.500	12
	4e corps. MILHAUD.		3.200	12
AU TOTAL.			124.300	374

ALLIÉS

PRUSSIENS

		HOMMES	CANONS
Généralissime	BLÜCHER.		
Chef d'état-major	DE GNEISENAU.		
1er corps.	VON ZIETEN.	32.000	96
2e corps.	VON PIRCH 1er.	31.000	80
3e corps.	VON THIELMANN.	24.000	48
4e corps.	BULOW.	30.000	88
		117.000	312

ANGLO-HOLLANDAIS-BELGES

		HOMMES	CANONS
Généralissime	WELLINGTON		
Chef d'état-major	MUFFLING.		
1er corps.	PRINCE D'ORANGE.	25.000	»
2e corps.	LORD HILL.	24.000	»
Réserve.		20.000	»
Cavalerie.	LORD UXBRIDGE.	15.000	»
Artillerie.		9.000	200
		93.000	200
TOTAL pour les deux armées alliées.		210.000	512

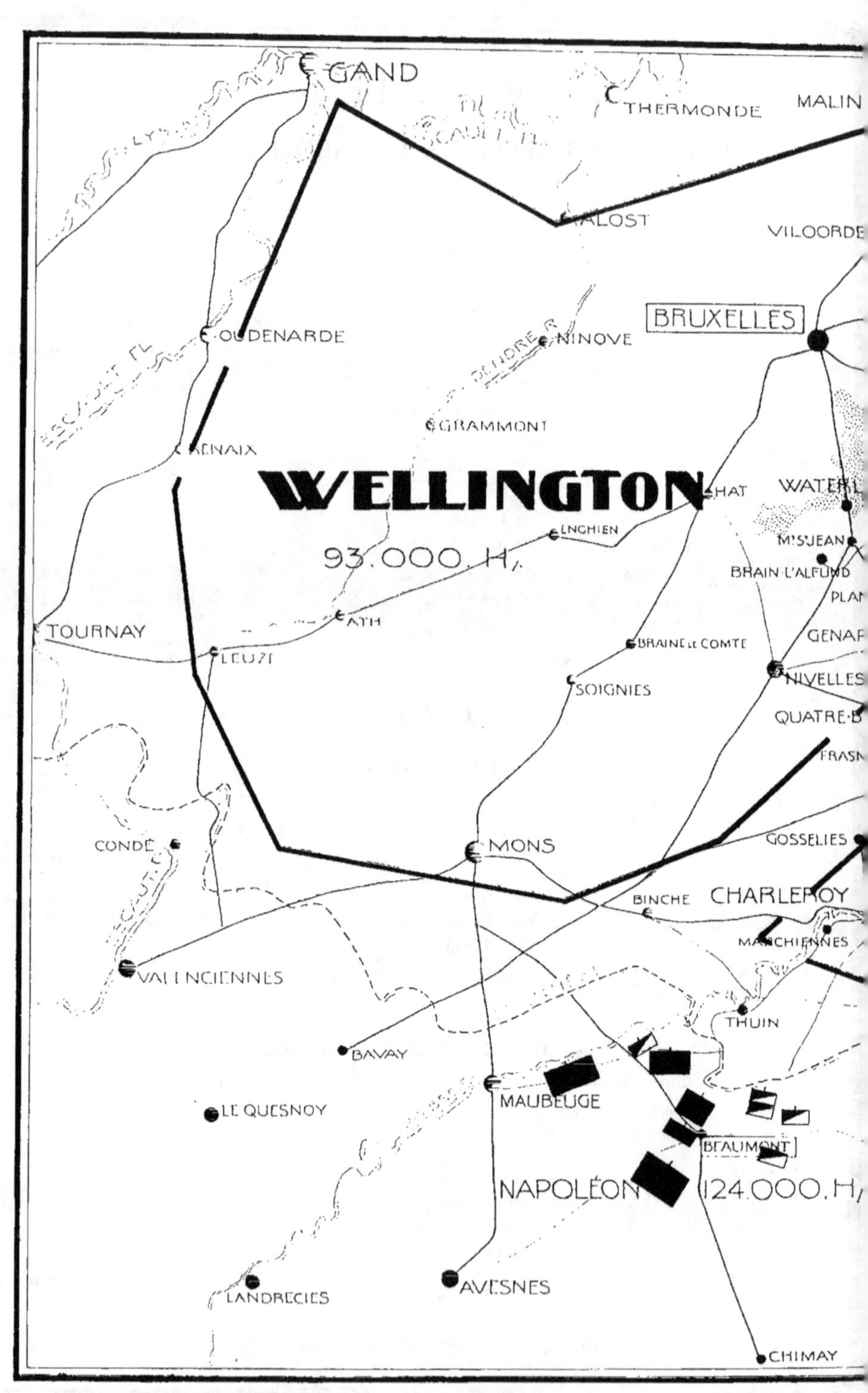

GAND
THERMONDE
MALIN
ALOST
VILOORDE
BRUXELLES
OUDENARDE
NINOVE
DENDRE R.
GRAMMONT
RENAIX
WELLINGTON
93.000 H.
HAT
WATERL
ENGHIEN
M'S'JEAN
BRAIN L'ALLEUD
PLAN
ATH
TOURNAY
BRAINE LE COMTE
GENAP
LEUZE
SOIGNIES
NIVELLES
QUATRE-B
FRASN
CONDÉ
MONS
GOSSELIES
BINCHE
CHARLEROY
MARCHIENNES
VALENCIENNES
THUIN
BAVAY
MAUBEUGE
BEAUMONT
LE QUESNOY
NAPOLÉON
124.000 H.
LANDRECIES
AVESNES
CHIMAY

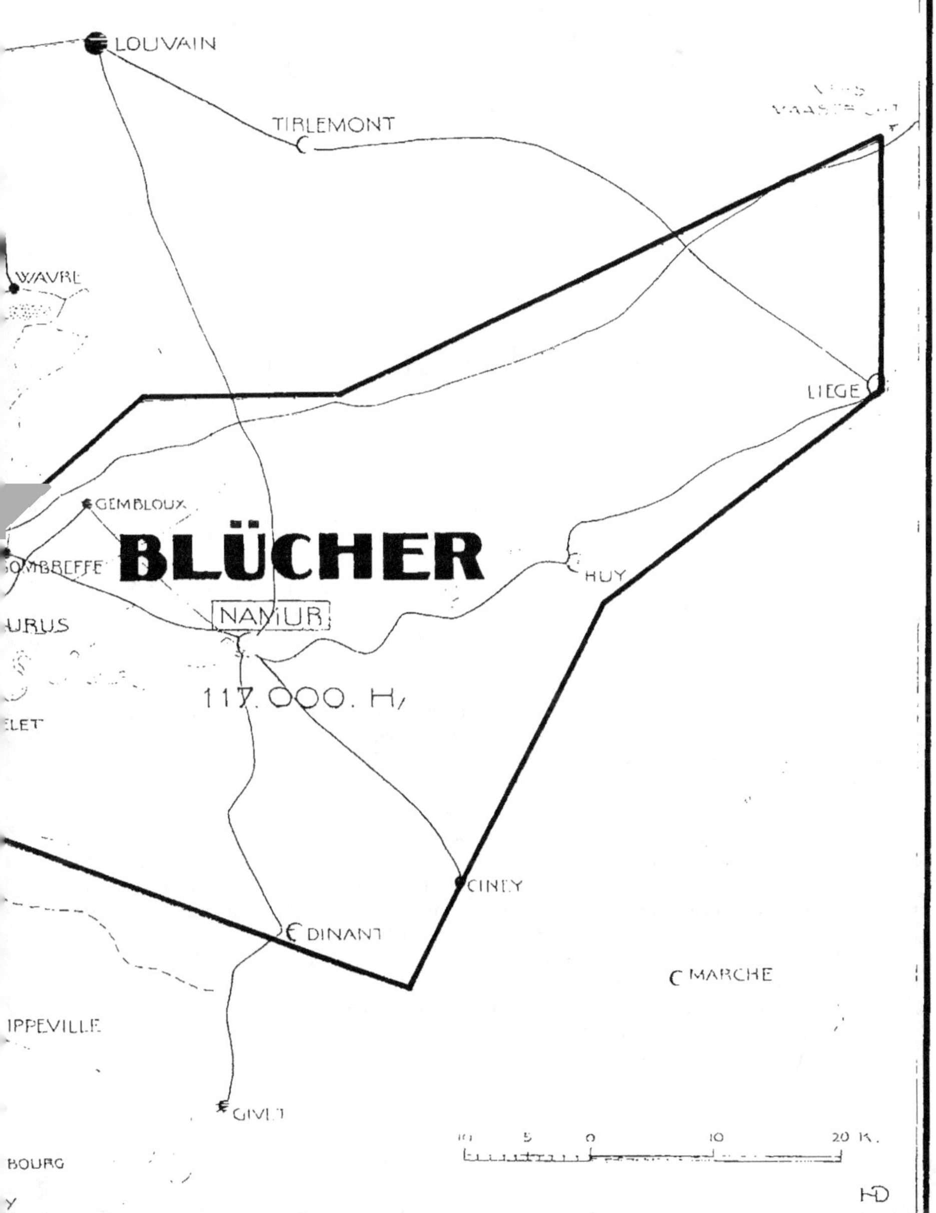

-A- 14 JUIN SOIR -
PÉRIMÈTRES DES CANTONNEMENTS
DES ALLIÉS - ET POSITION DE
L'ARMÉE FRANÇAISE.
LOUVAIN
TIRLEMONT
VERS MAASTRICHT
WAVRE
LIÈGE
GEMBLOUX
BLÜCHER
SOMBREFFE
HUY
URUS
NAMUR
117.000. H.
ELET
CINEY
DINANT
MARCHE
IPPEVILLE
GIVET
5   0   10   20 K.
BOURG
HD

BORDS DE LA SAMBRE A CHARLEROI

CONCENTRATION
ENTRÉE EN BELGIQUE

◇ ◇ ◇ ◇

UNE fois son plan arrêté et les positions très dispersées des Anglo-Prussiens bien connues, Napoléon lança, au début de juin, ses ordres de concentration aux différents corps qui se trouvaient à ce moment à Valenciennes, Avesnes, Rocroi, Metz, Soissons et Paris.

Le rassemblement se fit silencieusement et avec une stupéfiante rapidité, suivant le thème indiqué pour la date du 14, dans le triangle Maubeuge, Thuin, Philippeville, avec quartier général à Beaumont, sur la frontière et en arrière de la Sambre (Voir la carte A, p. 12-13), c'est-à-dire sur une profondeur de 10 kilomètres seulement et 30 kilomètres de largeur. L'armée française, forte de 124.000 hommes et 370 canons, formait ainsi, à l'insu et à proximité des premiers cantonnements prussiens, une masse compacte que son chef allait avoir dans la main, alors que les Anglo-Prussiens se trouvaient disséminés sur un front de plus de 140 kilomètres et une profondeur d'environ 50 ! De plus, il fallait aux 210.000 alliés du Nord, que l'Empereur allait attaquer, trois jours au moins pour se concentrer sur leur ligne de contact et le double pour se réunir sur l'une ou l'autre de leurs ailes.

Wellington et Blücher ont été avec raison très critiqués pour cet éparpillement de leurs troupes devant un adversaire comme Napoléon qui se préparait à les attaquer. De bien plus graves fautes pourront du reste leur être reprochées durant cette courte campagne, rachetées, il faut bien le reconnaître, par le sang-froid indomptable du duc de Wellington et aussi par le courage de tous ses soldats, le jour de Waterloo.

Les deux chefs alliés ne croyaient pas, il est vrai, à la possibilité d'une offensive aussi brusquée, aussi hardie que celle qui allait les surprendre.

Le 12 juin 1815, à 3h 30 du matin, l'Empereur montait dans sa voiture de guerre, traversait au galop Paris plongé dans le sommeil, et arrivait vers 11 heures à Soissons. Après avoir reçu les autorités et pris une rapide collation, il remontait en voiture et arrivait à Laon à 4 heures. La visite des travaux de fortification terminée, il consacrait une longue soirée au travail et repartait le lendemain pour Avesnes où il préparait sa proclamation à l'armée.

Le 15 au matin il en faisait donner lecture aux troupes : « Soldats, c'est aujourd'hui

BORDS DE LA SAMBRE A CHARLEROI

« l'anniversaire de Marengo et de Friedland qui décidèrent deux fois du destin de l'Europe.
« Alors comme après Austerlitz, comme après Wagram, nous fûmes trop généreux; aujour-
« d'hui cependant, coalisés contre nous, les princes que nous avons laissés sur le trône en
« veulent à l'indépendance et aux droits les plus sacrés de la France. Ils ont commencé la
« plus injuste des agressions. Marchons donc à leur rencontre; eux et nous ne sommes-
« nous plus les mêmes hommes? » (Extrait.)

PASSAGE DE LA FRONTIÈRE

IL faut citer l'ordre de marche de Napoléon, considéré par les historiens comme un chef-
d'œuvre du genre, prévoyant tout, ordonnant jusqu'aux plus petits détails pour assurer
à la marche un écoulement rapide et régulier, pour faciliter, en cas de rencontre et de résistance d'avant-gardes ennemies, le déploiement immédiat des unités de tête, en recomman-
dant l'aide mutuelle que celles-ci pourraient avoir à se prêter. Le départ des bivouacs suivant la distance de la frontière était scrupuleusement calculé à partir de 3 heures du matin
pour que tous les corps d'armée prissent la suite dans la colonne sans aucun à-coup.

Malheureusement cet ordre de marche fut, dès le début de cette première journée, mal
et tardivement exécuté. De plus, une très grave nouvelle apportait la consternation aussi
bien parmi les troupes que dans le haut commandement. Le général de Bourmont, commandant la division de tête du 4e corps, venait de passer à l'ennemi.

Celui-ci n'avait pas besoin qu'un général traître, « une canaille », comme l'appela
Blücher en se détournant de lui, vînt le renseigner sur les effectifs des Français; mais il connut
par lui l'offensive imminente de Napoléon.

Malgré cette défection, qui heureusement ne fut qu'un triste incident de la journée,
et les fautes commises, cette marche en trois colonnes sur la Sambre après une concentration
rapide et audacieuse, est, de l'avis d'hommes de guerre éminents, une des plus merveilleuses
qui aient jamais été préparées et exécutées.

Des trois colonnes qui allaient passer en Belgique aux ponts de Marchiennes, Charleroi
et Chatelet, les deux premières rencontrèrent de la résistance.

La tête de la première colonne mit deux heures environ à prendre Marchiennes dont
le pont fut enlevé à la baïonnette.

La seconde colonne ayant en tête Pajol et sa cavalerie arriva vers 10 heures au pont
de Charleroi défendu par les Prussiens. Il fallut attendre l'infanterie du 3e corps (Vandamme) qui était en retard. Ce fut d'abord Napoléon qui arriva et fit prendre le pont par
Duhesme, commandant une division de la Garde.

GRANDE RUE DE WATERLOO

Mais ce retard du 3ᵉ corps fut cause que l'ennemi se retira en bon ordre sans être poursuivi à temps. Il fut protégé à Gilly par le général Pirch qui se vit attaqué à 6 heures du soir seulement et dut sacrifier 2.000 hommes. Ce n'était pas trop cher payer l'arrêt de toute une armée à cause du temps précieux gagné par Blücher pour sa concentration !

Le centre et l'aile droite de l'armée suivaient donc les Prussiens. Le maréchal Ney, réconcilié avec l'Empereur, venait de rejoindre dans l'après-midi ; il reçut le commandement de l'aile gauche (1ᵉʳ et 2ᵉ corps et la cavalerie de Kellermann) avec ordre de s'emparer des Quatre-Bras et de repousser les Anglo-Hollandais.

Il exécuta trop lentement cette manœuvre, trouva la position stratégique des Quatre-Bras occupée par les Anglais dont il jugea à tort les effectifs trop importants, puisqu'ils n'étaient que 4.000 contre ses 14.000 soldats. et, « pour la première fois de sa vie, dit H. Houssaye, il céda à la prudence » !

Contrairement au plan et aux ordres de l'Empereur, il remit l'opération au lendemain, permit ainsi aux Anglais de se concentrer plus nombreux, faute qui allait avoir sa très importante répercussion sur les journées fameuses des 16, 17 et 18 juin !

PLAN

DE LA

BATAILLE DE LIGNY

16 Juin 1815

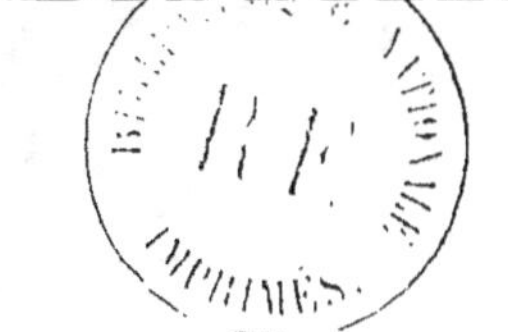

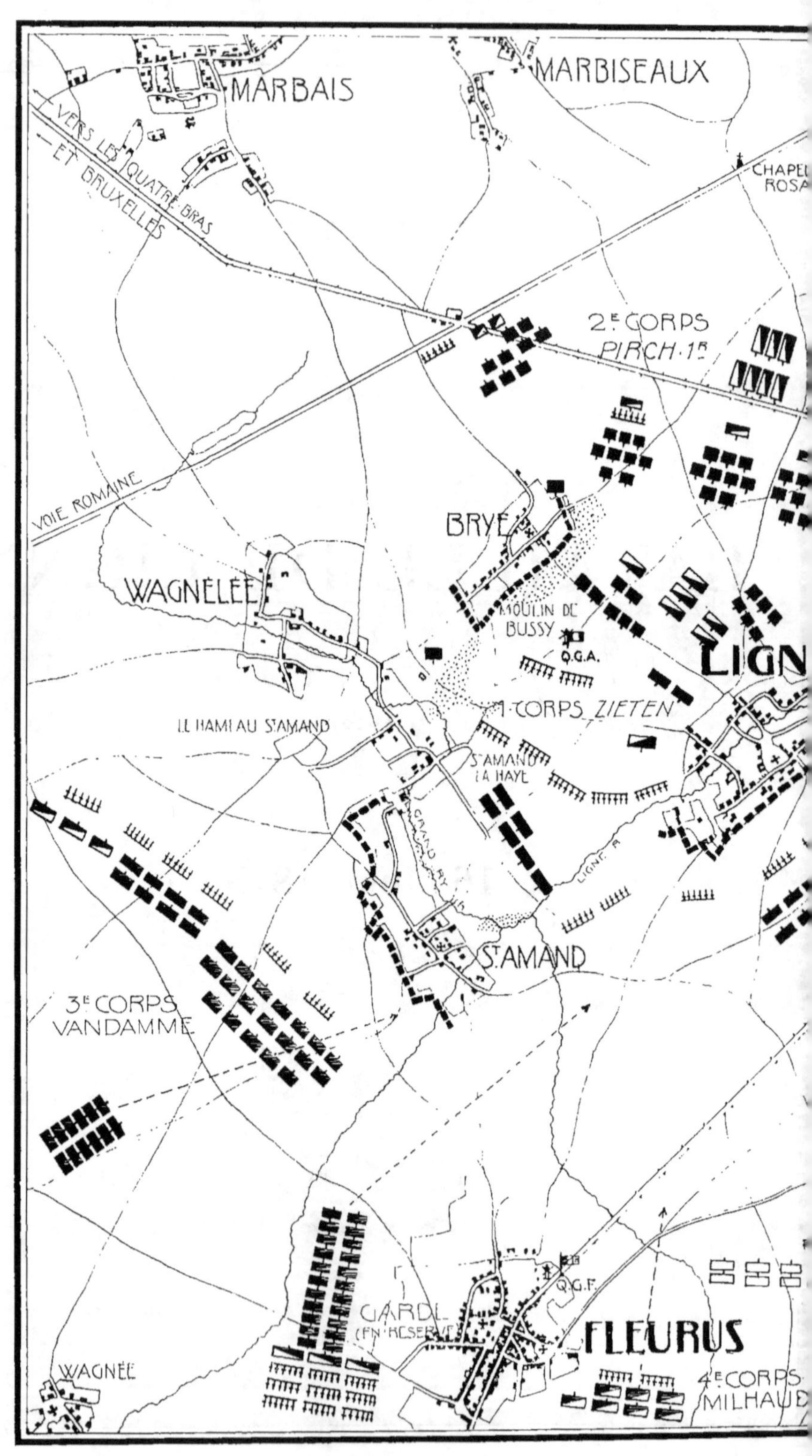

MARBAIS
MARBISEAUX
VERS LES QUATRE BRAS
ET BRUXELLES
CHAPEL
ROSA
2ᴱ CORPS
PIRCH·Iᴿ
VOIE ROMAINE
BRYE
WAGNELÉE
MOULIN DE BUSSY
Q.G.A.
LIGN
LE HAMEAU ST AMAND
1ᵉ CORPS ZIETEN
ST AMAND LA HAYE
GRAND RY
LIGNE
ST AMAND
3ᴱ CORPS VANDAMME
Q.G.F.
GARDE
(EN RESERVE)
FLEURUS
WAGNÉE
4ᴱ CORPS
MILHAU

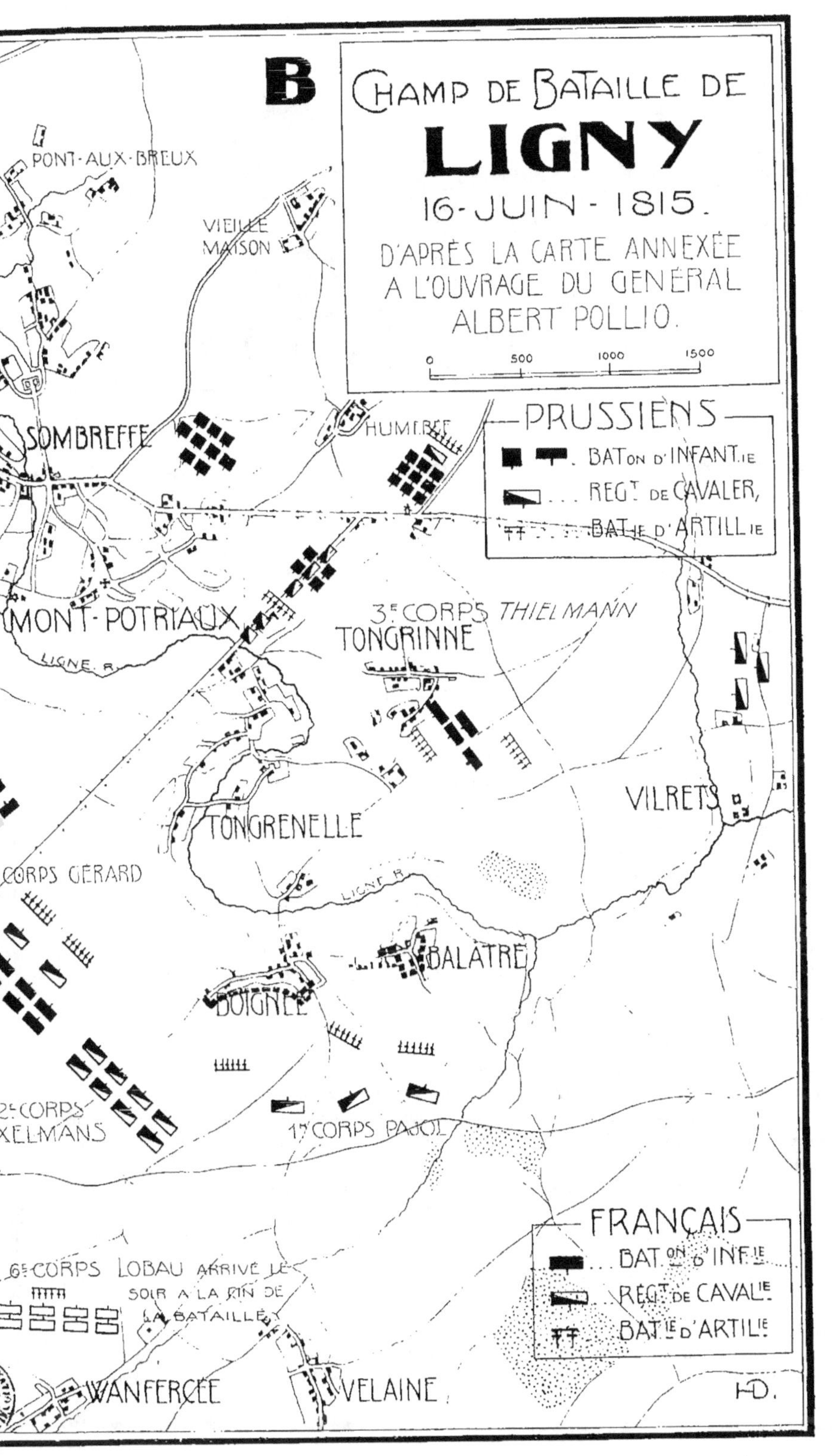

B
CHAMP DE BATAILLE DE
LIGNY
16 - JUIN - 1815.
D'APRÈS LA CARTE ANNEXÉE
A L'OUVRAGE DU GÉNÉRAL
ALBERT POLLIO.
0   500   1000   1500
PONT-AUX-BREUX
VIEILLE MAISON
SOMBREFFE
HUMERÉE
PRUSSIENS
BAT.on D'INFANT.ie
REG.t DE CAVALER.
BAT.ie D'ARTILL.ie
MONT-POTRIAUX
LIGNE R.
3.e CORPS THIELMANN
TONGRINNE
VILRETS
TONGRENELLE
.e CORPS GÉRARD
LIGNE R.
BALATRE
BOIGNÉE
2.e CORPS EXELMANS
1.er CORPS PAJOL
FRANÇAIS
BAT.on D'INF.ie
REG.t DE CAVAL.ie
BAT.ie D'ARTIL.ie
6.e CORPS LOBAU ARRIVE LE
SOIR A LA FIN DE
LA BATAILLE
WANFERCÉE
VELAINE
HD.

BORDS DE LA LIGNE A LIGNY

IV

BATAILLE DE LIGNY

16 juin 1815

◇ ◇ ◇ ◇

NOUS voyons l'Empereur passer la nuit du 15 au 16 à Charleroi, où il prend connaissance des rapports de Ney et de Grouchy. Celui-ci lui laisse supposer que les Prussiens, au lieu de se replier vers le nord pour rejoindre les Anglais, prennent la direction du nord-est. Ce mouvement répond au désir de Napoléon qui, de suite, prend le parti d'attaquer Blücher, le croyant en retraite.

Mais, au contraire, celui-ci avait, dans la nuit précédente, lancé son ordre de concentration immédiate, autant toutefois que le permettait la disposition de ses cantonnements. De ce fait et aussi à cause du retard apporté dans la transmission des ordres, le 4ᵉ corps (Bulow), d'un effectif de 30.000 hommes, manquait à l'appel le 16 au matin. Blücher accepta néanmoins la bataille et réunit ses trois autres corps à Sombreffe (Voir la carte B, p. 18-19).

Napoléon, mal renseigné par sa cavalerie inactive, recommande par deux fois à Ney, d'une manière pressante, de s'emparer des Quatre-Bras et, en se rabattant sur sa droite, de tomber sur le dos des Prussiens, qu'il va lui-même attaquer.

Mais Wellington aussi avait, comme Blücher et après entente avec lui, ordonné la concentration de son armée, vingt-quatre heures après le généralissime prussien.

Pendant que la bataille se préparait à Ligny, les Anglais tenaient aux Quatre-Bras avec 8.000 hommes qui, d'après Clausewitz, allaient dans le courant de la journée s'augmenter peu à peu jusqu'à 40.000 soldats !

Il n'allait donc plus être possible à Ney d'exécuter les ordres reçus, l'heure et le jour étant passés, et encore moins de rejoindre les Prussiens à Ligny.

Laissons donc Ney aux prises avec Wellington et revenons à Fleurus où Napoléon est arrivé avant midi.

Beaucoup d'écrivains lui ont reproché son inaction pendant la matinée ; d'autres font remarquer avec raison que ses troupes harassées avaient faim et ne pouvaient être menées au feu sans s'être reposées et ravitaillées.

Pendant que l'Empereur étudiait, du moulin de Fleurus, les positions de Blücher, celui-ci, en face, au moulin de Bussy, se concertait avec Wellington, qui l'y était venu

FERME DE GÉMIONCOURT

trouver, pour prendre une décision et discuter de la nécessité de donner son appui aux Prussiens dès qu'il en verrait la possibilité.

« Les deux généraux en chef croyaient avoir devant eux toute l'armée française réunie, « qu'ils estimaient être de 130.000 hommes. Blücher avait 80.000 hommes présents ; si le duc « arrivait avec ses 40.000 ou 50.000 hommes, les forces étaient à peu près équivalentes. » (CLAUSEWITZ, *Campagne de 1815.*)

Si, de plus, les 30.000 soldats de Bulow pouvaient encore arriver avant la fin de la journée, Blücher tenait la victoire.

Mais telle n'était pas la situation.

Napoléon n'avait sous la main que 75.000 hommes qu'il allait conduire à l'assaut de l'armée prussienne, bien décidé à faire une « journée » avec le concours de Ney. Pendant la bataille nous le verrons expédier au maréchal, par l'intermédiaire de Soult, une nouvelle dépêche des plus pressantes, qui se terminait par ces mots :

« Le sort de la France est dans vos mains, aussi n'hésitez pas pour faire le mouve-« ment que l'Empereur vous ordonne, et dirigez-vous sur les hauteurs de Saint-Amand et « de Brye pour concourir à une victoire peut-être décisive ! »

Peu de temps après, l'Empereur apprenait que Ney était aux prises avec 20.000 Anglais, et qu'il lui devenait sans doute impossible d'exécuter le programme si habilement conçu ! Il appelle alors d'Erlon et le 1er corps, comptant sur la valeur du duc d'Elchingen pour maintenir encore les Anglais avec ce qui lui reste.

Si, pendant la journée du 16, Blücher compta en vain sur Wellington et sur Bulow, Napoléon de son côté dut renoncer à l'appui de son aile gauche en laquelle il espérait bien cependant pour en finir avec le vieux maréchal prussien !

Trois coups de canon annoncent dans l'après-midi l'attaque française. Le 3e corps (Vandamme) envoie sur Saint-Amand la division Girard. Le 4e corps se porte sur Ligny ; Grouchy avec deux corps de cavalerie s'élance sur Tongrenelle pendant que la Garde est concentrée, en réserve, à gauche de Fleurus avec la cavalerie de Milhaud à droite.

L'attaque de Saint-Amand est acharnée mais très meurtrière ! Le village tombe enfin au pouvoir du 3e corps après avoir été plusieurs fois pris et repris dans des corps-à-corps sanglants.

A Ligny c'est pis encore. Le 30e de ligne est parvenu sous une pluie de fer jusqu'à la place de l'Église où il est en partie foudroyé. En un instant 20 officiers et 500 hommes tombent. Le reste se replie ; deux autres attaques subissent le même sort. Les soldats de Gérard rentrent encore dans le village et s'y maintiennent enfin. Mais il faut recommencer la lutte avec les Prussiens embusqués dans les maisons de la rue d'En-Bas. L'ennemi recule enfin et les soldats de Pécheux restent définitivement maîtres de Ligny, mais au prix de quels efforts !

Grouchy, lui aussi, a chassé l'ennemi de Boignée.

ANCIEN CHEMIN D'OHAIN

De Brye à Tongrenelle la bataille continue acharnée. elle reprend plus terrible entre Brye et Saint-Amand d'où Blücher veut déloger les Français !

A ce moment. Napoléon devient fort inquiet : on annonce sur la gauche l'arrivée d'un corps important. Est-ce Drouet d'Erlon. qu'il a demandé ? Mais il n'a pas les troupes aussi nombreuses que celles signalées. N'est-ce pas Wellington ?

Il arrete la Garde. prête à fondre sur Brye à l'arrivée de d'Erlon. et envoie du secours à Vandamme en meme temps qu'un officier pour reconnaitre les troupes en vue, mais qui revient mal renseigné.

C'était bien d'Erlon qui s'approchait du champ de bataille de Ligny, puis s'en éloignait, rappelé par Ney, alors que la nuit qui arrivait ne lui permettait plus de se rendre utile aux Quatre-Bras, tandis que, bien plus près à ce moment de Saint-Amand, il pouvait rendre à Napoléon le grand service tant attendu.

Malgré leur courageuse défense, les Prussiens reculent sur Brye. Ce que voyant, Blücher. l'épée haute, et malgré ses soixante-treize ans, s'adresse aux escadrons de Röder et, se mêlant à la lutte. fonce sur les soldats de Napoléon sans pouvoir en venir à bout. Le vieux maréchal tombe sous son cheval au milieu de la mêlée. entouré, sans être reconnu, de cuirassiers français qui apprirent seulement plus tard par suite de quelle méprise ils l'avaient laissé échapper.

L'armée prussienne enfoncée devait se replier.

Mais la victoire était chèrement acquise. Si 15.000 Prussiens étaient tombés au cours de cette journée, plus de 8.000 Français, morts ou blessés, restaient sur le champ de bataille, témoin des luttes les plus féroces et les plus meurtrières dont l'histoire fasse mention. « Les villages de Saint-Amand et de Ligny furent pris et repris six fois après de véri-« tables scènes de carnage. A la fin on ne combattait plus que sur des cadavres d'hommes « et de chevaux... D'un régiment d'infanterie d'environ huit cents soldats qui s'y trouva « engagé il en sortit vivant quatre-vingts avec leur drapeau. Ce fut à une de ces attaques « que le général Girard fut atteint mortellement. » (G. Barral. p. 139.)

Napoléon ne put compléter utilement par la poursuite des Prussiens cette victoire qu'il eût voulu compléter par l'écrasement de Blücher. Son plan ne se trouvait pas réalisé ; et qu'allait faire l'armée battue mais non vaincue ?

L'arrivée de Ney ou de d'Erlon eût parachevé son œuvre : et c'est malheureusement en vain qu'il attendit le premier puis l'autre sans les voir apporter, comme il l'espérait et l'avait ordonné, le coup de grâce aux corps prussiens !

Sans nouvelles de Ney. Napoléon résolut de coucher sur ses positions.

FERME DES QUATRE-BRAS

V

BATAILLE DES QUATRE-BRAS

16 juin 1815

◇ ◇ ◇ ◇

NOUS avons laissé le maréchal Ney avec le corps de Reille en face des 8.000 hommes du général Perponcher et du prince d'Orange.

Ayant trop tardé le matin à concentrer ses troupes et à marcher sur les Quatre-Bras, il commençait vers 2 heures l'attaque des Anglais avec le canon et, par une offensive vigoureuse et hardie de ses deux autres armes, obligeait l'ennemi à reculer.

Le prince d'Orange parvint à grand'peine, et grâce seulement à la vitesse de son cheval, à se dégager d'une charge de cavalerie furieusement menée.

Au moment où, dans sa fuite, il regardait anxieusement devant lui la route de Bruxelles, il eut la joie d'apercevoir de nouvelles troupes anglaises qui arrivaient : c'était la division Picton, forte d'environ 7.000 fantassins.

Au même instant le duc de Wellington rentrait du moulin de Bussy où il s'était rencontré avec Blücher pour le concours à lui apporter à Ligny. Il jugea la situation tout à fait critique et prit le commandement des troupes.

Le maréchal Ney, inquiet déjà de ne pouvoir battre et repousser assez tôt les Anglais pour tomber sur le dos des Prussiens à Ligny, comme l'Empereur le lui avait instamment demandé, mit tout en œuvre pour repousser les nouveaux arrivants.

Mais le contingent de Brunswick (4.000 hommes) et la cavalerie de van Merlen venaient bientôt renforcer encore les lignes anglaises.

Par suite de l'arrivée du côté français de la division Jérôme, qui manquait encore à Ney, le nombre des belligérants était, vers 4 heures, à peu près le même dans les deux camps.

Bientôt Wellington voyait l'aile gauche du maréchal français avancer dans le bois du Bossu et, au même moment, Ney, décidé à en finir, ordonner une attaque simultanée et violente sur tout le front de bataille. C'est à ce moment que le duc de Brunswick, à la tête de ses troupes, opposa une résistance énergique et tomba blessé à mort.

Mais si la gauche et le centre français gagnaient du terrain, il n'en était pas de même

7

LES QUATRE-BRAS

à droite où les Anglais restaient en place, bien décidés à vendre chèrement leur vie plutôt que de reculer.

De plus, Ney ne voyait pas arriver le 1er corps qu'il attendait. D'Erlon, par suite d'un enchaînement de circonstances malheureuses, d'ordres et de contre-ordres non transmis ou mal exécutés, ne devait pas plus aider Ney que Napoléon.

A ce moment déjà critique, 8.000 hommes de renfort arrivaient encore à Wellington : c'était en tout une armée de 26.000 Anglais qui combattaient les 16.000 fantassins du maréchal.

Celui-ci, quoique très ému de voir d'Erlon et ses 20.000 hommes manquer à l'appel en un moment aussi grave, ne se laisse pas aller au découragement.

Devant les masses de plus en plus compactes des bataillons ennemis il demande à Kellermann le secours de sa cavalerie. Malheureusement le « héros de Marengo » ne peut disposer que de deux régiments de cuirassiers.

« Les trompettes sonnent la charge dans une irradiation d'acier et un jaillissement de « mottes de terre que font sauter les sabots des chevaux, les cuirassiers dévalent en ava- « lanche. A chaque foulée l'allure s'accélère. Le sol tremble et poudroie. Les hommes du « premier rang, penchés sur l'encolure, tiennent la pointe tendue, les autres brandissent « leurs sabres étincelants. Kellermann, l'épée au clair, charge à vingt pas en avant de l'es- « cadron de tête.

« Dans le vallon, les quatre bataillons de la brigade fraîche de Colin Halkett, sont « rangés en bataille ou formés en carrés. Immobiles, résolus, effrayants de calme, les « Anglais attendent, réservant leur feu. Le 69e régiment, posté en première ligne, entre le « bois Bossu et la route, tire seulement à trente pas. Les cuirassiers passent à travers les « balles et la fumée comme l'éclair dans la nuée. Ils abordent le 69e, l'enfoncent et « l'écrasent, et prennent son drapeau. Ils chargent ensuite le carré du 30e, culbutent le 33e. « Puis, sans laisser souffler leurs chevaux, ils gravissent la contre-pente, sabrent en passant « les canonniers d'une batterie, rompent un carré de Brunswick et pénètrent jusqu'aux « Quatre-Bras. » (H. HOUSSAYE, 1815.)

Mais nos cuirassiers, non soutenus, sont entourés : la mitraille les accable de tous côtés. Le vaillant Kellermann est entraîné à terre sous son cheval tué.

Après la chute de leur chef, les cuirassiers traversent à nouveau les lignes anglaises et rapportent le drapeau du 69e régiment ennemi.

Un nouvel assaut de la cavalerie de Piré subit le même sort.

A cet instant Ney reçoit de Napoléon l'ordre de lui expédier le 1er corps qu'il atten- dait lui-même. Il se fâche et demande que la mort vienne le délivrer d'une situation aussi critique !

De plus, de nouvelles troupes fraîches viennent renforcer encore les Anglais et porter leur effectif au double de celui des Français.

En supposant que d'Erlon, qui se rapprochait à ce moment de Ligny, ait pu apporter au maréchal Ney le secours de ses 20.000 hommes, celui-ci se fût encore trouvé en infériorité numérique avec les effectifs de Wellington qui, durant toute la soirée, s'étaient constamment accrus.

Il fallut regagner, par une retraite lente et bien organisée, les emplacements occupés le matin et renoncer à la prise des Quatre-Bras et au secours à donner à l'Empereur.

Mais si le maréchal Ney ne sut pas, le 15, exécuter scrupuleusement les ordres de l'Empereur pour la prise des Quatre-Bras ; si le 16 il apporta trop de lenteur pour cette opération qu'il eût dû faire le matin, s'évitant ainsi l'arrivée successive des renforts anglais, il faut reconnaître que, dans la lutte du 16, il déploya une science et une bravoure dignes d'admiration.

POURSUITE DES PRUSSIENS

le 17 juin 1815

PAR LE MARÉCHAL GROUCHY

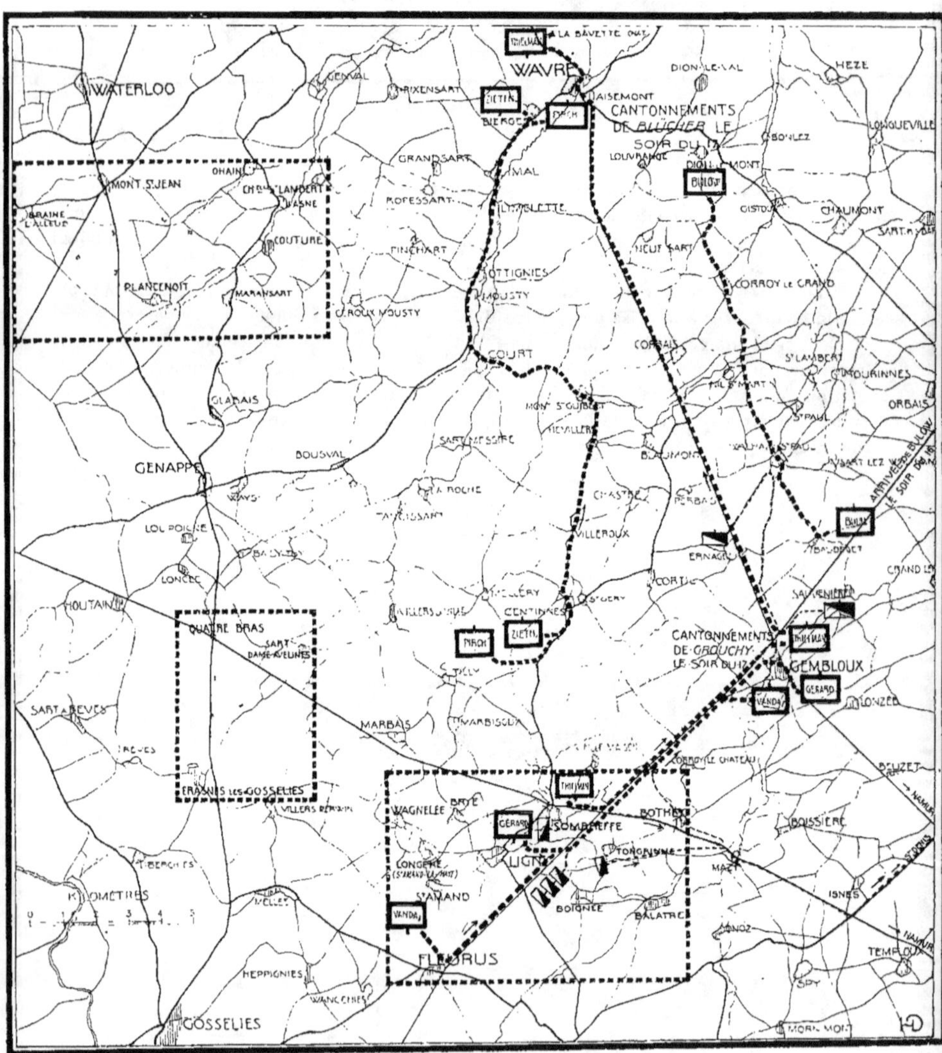

Indication, par des périmètres pointillés, des champs de bataille de Ligny,
Quatre-Bras et Waterloo, sur carte moderne

BUTTE DU LION

VI

POURSUITE DES PRUSSIENS

17 juin 1815

◇ ◇ ◇ ◇

L'EXTRÊME fatigue des troupes, le soir de la bataille de Ligny, et la victoire incomplète remportée sur Blücher, ne permirent pas à Napoléon de pouvoir poursuivre énergiquement les Prussiens comme il l'eût fallu.

Ceux-ci ne furent pas surveillés, prirent une direction autre que celle présumée et, sur certains indices, la cavalerie exécutait mollement le lendemain la mission qui lui avait été confiée de se renseigner et de reprendre le contact.

Les cavaleries de Pajol et d'Exelmans se mirent en marche dans la matinée du 17, le premier vers Namur, le second sur Gembloux où l'on croyait l'ennemi en retraite.

Puis Napoléon donnait au maréchal Grouchy, avec l'aide des corps Vandamme et Gérard et la cavalerie déjà en mouvement, l'ordre de poursuivre les Prussiens, en lui spécifiant de concentrer ses forces à Gembloux et de se renseigner sur la direction de l'ennemi et sur les intentions de Blücher.

Pendant que ces fausses dispositions recevaient un commencement d'exécution, le maréchal prussien, qu'on croyait en retraite sur la Meuse, se dirigeait vers la Dyle et Wavre, par Tilly (Voir la carte moderne C ci-contre, sur laquelle la poursuite de Grouchy est indiquée).

A la suite de rapports le maréchal Grouchy s'aperçoit de l'erreur commise, mais au lieu d'essayer de regagner une partie du temps perdu, il mène sans hâte sa colonne vers Gembloux qu'on lui avait dit occupé par les Prussiens. Lorsqu'il y arrivait vers 6 heures du soir, ceux-ci étaient partis ! C'était le 3ᵉ corps Thielmann qu'Exelmans, lui aussi, avait manqué d'une heure dans l'après-midi avec sa cavalerie, et qu'il n'avait pas jugé à propos de poursuivre. Il avait dû, il est vrai, marcher sous une pluie persistante et torrentielle, mais qui n'avait pas épargné l'ennemi.

Grouchy, pendant cette néfaste journée du 17, avait donc (de l'avis presque unanime des historiens) manqué à sa mission en ne se renseignant pas de suite suffisamment sur la véritable direction des corps de Blücher, en ne les poursuivant pas d'assez près, et surtout, en ne prévoyant pas que ceux-ci, qu'il sut cantonnés le soir à Wavre, allaient tendre la main à leurs alliés !

A ce moment (soir du 17) il eût dû concentrer ses forces le plus près possible de Wavre, lui aussi, et prendre ses dispositions pour, dès le lendemain au petit jour, couper à Blücher la direction des Anglais réunis sur la gauche, entre Bruxelles et les Quatre-Bras. Il devait

27

LA HAYE-SAINTE ET LE CHAMP DE BATAILLE
VUS DE LA BUTTE DU LION

en tout cas prévoir, pour cette matinée du 18, l'impérieuse nécessité de harceler l'ennemi, dont il avait maintenant le contact, par une marche de flanc qui le rapprocherait en même temps de l'Empereur puisque les Prussiens allaient se diriger eux-mêmes sur leurs alliés aux prises avec Napoléon !

18 juin 1815

BLÜCHER avait promis à Wellington l'aide de son armée, car il n'y avait aucun doute pour les deux commandants que Napoléon allait s'en prendre aux Anglais.

Exécutant sa promesse, le vieux maréchal avait donné des ordres formels de mettre en marche, dès le matin, le corps Bulow (qui n'avait pas donné à Ligny) pour Chapelle-Saint-Lambert.

Un peu remis de sa terrible échauffourée du 16, et oublieux de ses soixante-treize ans, il brûlait du désir de se joindre aux Anglais lorsque ceux-ci seraient engagés et d'assister, il l'espérait, à la défaite de celui qui tant de fois l'avait battu !

Il quittait Wavre vers 11 heures, à la suite du 4e corps cantonné à Dion-le-Mont, laissant au major général qui avait toute sa confiance le soin de rassembler et de mettre en marche les trois autres corps de son armée.

Le maréchal Grouchy avait appris par divers rapports arrivés dans la nuit du 17 au 18 que les Prussiens marchaient sur Wavre ! Il était fixé et aurait dû en être inquiet ! Il persista cependant à suivre l'arrière-garde prussienne, sans s'assurer, comme l'en avait chargé l'Empereur, du mouvement et des intentions de l'ennemi.

Il lui restait à commettre une faute beaucoup plus grave : celle de ne pas marcher au canon qui s'entendait à l'ouest, au moment où il allait déjeuner.

Plusieurs généraux, l'oreille au sol, et quelques notables du pays, affirmèrent que la bataille s'engageait à Mont-Saint-Jean et qu'il n'y avait pas une minute à perdre ; qu'on serait en trois ou quatre heures près de l'Empereur et que les nuages de fumée qui s'élevaient de plus en plus pressés à l'horizon indiquaient la direction à prendre.

Grouchy, par un entêtement inexplicable, et croyant mieux servir sans doute Napoléon en exécutant fidèlement ses premiers ordres, refusa de se mettre en route. Il repoussait les avis respectueux mais unanimes de ses lieutenants qui tous, et en particulier le général Gérard, attendaient, les larmes aux yeux, des ordres immédiats pour conduire leurs troupes à la bataille.

Quoiqu'il y ait contradiction entre les nombreux écrivains de « Waterloo » concernant la responsabilité de Grouchy dans la défaite de la journée, il apparaît clairement néanmoins que le maréchal eût dû, comme l'exigent les lois élémentaires de la guerre, courir au canon, et, sinon rejoindre Napoléon, du moins arriver à temps sur le dos de Bulow pour le contraindre à s'arrêter dans son attaque contre l'aile droite française.

En refusant de donner l'ordre qu'attendaient anxieusement ses généraux, Grouchy sonnait le glas de l'armée française !

MONT-SAINT-JEAN

VII

POURSUITE DES ANGLAIS

17 juin 1815

◇ ◇ ◇ ◇

NOUS avons vu, au début du chapitre précédent, que l'extrême fatigue des troupes, leur réorganisation et leur ravitaillement nécessaires à la suite de la pénible victoire de Ligny, avaient obligé Napoléon au repos.

Dès qu'il eut la certitude par les reconnaissances, du reste mal engagées, que les Prussiens s'étaient retirés, il songea de suite à Wellington, vainqueur de Ney la veille.

Qu'allait-il faire ?

Le canon ne se faisant pas entendre, le commandant de l'armée anglaise avait dû prendre le parti de se retirer sur Bruxelles.

Napoléon était parti de Fleurus, son quartier général, vers 7^h 30 pour visiter le champ de bataille, ainsi qu'il en avait pris l'habitude dans toutes ses campagnes.

Les troupes, ce matin du 17, s'attendaient bien du reste à le voir et, dès qu'il apparut, elles le saluèrent d'une longue ovation.

Pendant deux heures il encouragea les blessés, distribua des récompenses, salua les morts.

Quoique à cheval pendant toutes les deux longues journées précédentes, il n'éprouve nulle fatigue, et si on ajoute les journées du 17 et 18 pendant lesquelles il est resté presque constamment en selle, on constate que l'Empereur, loin d'être affaibli comme beaucoup d'écrivains l'ont laissé entendre, donne au contraire les preuves d'une virilité, d'une activité et d'un courage déconcertants.

Car, comme le dit Georges Barral dans l'*Épopée de Waterloo*, « additionnez le tout « et vous trouverez soixante-treize heures de cheval sur cent neuf heures de temps écoulé. « Connaissez-vous beaucoup de cavaliers en mesure d'en faire autant, s'ils sont malades « surtout, et capables d'ajouter à cet effort physique considérable le poids moral écrasant « d'une armée à conduire et de quatre batailles à diriger » ?

Vers 10^h 30 il envoyait sur Marbais le 6e corps de Lobau qui n'avait pas donné la veille, — puis la Garde.

BUTTE DU LION

Au même instant, le duc de Wellington, qui avait passé la nuit à Genappe, s'entendait par courrier avec Blücher pour accepter la bataille le lendemain si les Prussiens pouvaient lui apporter le secours d'un ou de deux corps d'armée.

Puis il se mettait en retraite sur Mont-Saint-Jean, protégé par une forte cavalerie, en attendant la confirmation écrite de cette entente.

Jusqu'à 2 heures environ la marche des troupes sur la route de Bruxelles s'effectua normalement et sans incident.

Mais à ce moment parut Napoléon avec la tête de sa colonne, qu'il s'empressa de déployer à la vue des Anglais.

Que faisait Ney ?

Comment lui-même Napoléon n'était-il pas venu plus tôt ? L'occasion, probablement unique, s'était présentée, cette matinée du 17, de tomber sur les Anglais isolés en retraite et encore fort éloignés des Prussiens.

Il prend en hâte la résolution tardive de poursuivre Wellington, malgré le temps perdu.

Ney arrive enfin bien en retard, mais ignorant du résultat de la bataille de Ligny, que Soult avait omis de lui apprendre.

« En parlant à Ney aux Quatre-Bras, l'Empereur avait la vision de cette victoire
« envolée. Il voulut la ressaisir. Il s'imagina qu'en précipitant sa marche, il pourrait
« rejoindre Wellington et le contraindre à faire tête. Il donna ses ordres afin que Reille,
« puis Lobau, puis la Garde suivissent rapidement le 1er corps et la cavalerie légère sur la
« route de Bruxelles ; ils seraient flanqués à droite par les chasseurs de Domon et les
« cuirassiers. Lui-même, avec les escadrons de service et une batterie à cheval de la Garde,
« gagna au galop la tête de la colonne pour enflammer la poursuite.

« Cette poursuite se fit à l'allure d'une chasse au renard — (fox chase) dit le capitaine
« Mercer. L'arrière-garde anglaise fuyait dans le plus grand désordre. Hussards et canon-
« niers galopaient pêle-mêle comme des fous (going like mad), aveuglés par les éclairs et
« fouettés par la pluie qui tombait si dru qu'à cinq pas on ne pouvait distinguer la couleur
« des uniformes.

« Lord Uxbridge faisait le métier de cornette. Il courait le long de la colonne criant à
« ses hommes « Plus vite ! plus vite ! pour l'amour de Dieu ! Galopez ou vous êtes tous
« pris ! » (H. Houssaye, 1815.)

A Genappe les Anglais purent être efficacement protégés dans leur retraite par une partie de leur cavalerie et quelques batteries de bonne position, et la poursuite dut être ralentie, la pluie qui continuait de tomber à torrents rendant la marche fort difficile.

Vers 6 heures ou 6h 30, Napoléon parvint sur les hauteurs de la Belle-Alliance où, arrêté par l'artillerie ennemie, il put se convaincre que toute l'armée de Wellington était là !

Il donna lui-même à ses troupes l'indication de leurs bivouacs.

Ce fut une bien triste et fort pénible nuit pour ces valeureux soldats, harassés, trempés, boueux, qui ne trouvaient pour lit que des champs de seigle ruisselants d'eau !

ROUTE DE NIVELLES ET CHEMIN D'OHAIN

L'Empereur, mécontent d'avoir si mal employé sa matinée, reprochait à Ney sa propre inaction en présence des Anglais en retraite, et revenait en arrière passer la nuit à la petite ferme du Caillou.

Qu'allait faire Wellington le lendemain? Allait-il lui échapper et attendre ses alliés sous Bruxelles, ou continuerait-il sa retraite en abandonnant momentanément les Prussiens désorganisés sans doute et démoralisés par la défaite de Ligny?

Wellington, en effet, était embarrassé; il attendait, anxieux, à son quartier général de Waterloo l'engagement formel de Blücher de lui apporter en temps voulu son secours.

Enfin vers 2 heures du matin arrivait la dépêche ci-après envoyée au général Muffling. major général. par le maréchal Blücher :

« Wavre, 17 juin.

« Je notifie à Votre Seigneurie qu'à la suite de la communication qui m'a été faite que « le duc de Wellington acceptera la bataille demain, dans la position entre Braine-l'Alleud « et La Haye, j'ai donné aux troupes les dispositions suivantes :

« Le corps de Bulow se met en mouvement demain au point du jour, de Dion-le-Mont, « et se dirige par Wavre sur Saint-Lambert, pour attaquer l'ennemi sur son flanc droit. Le « 2e corps le suivra immédiatement, et les autres se tiendront également prêts à suivre le « mouvement. La fatigue des troupes, dont une partie n'est pas encore arrivée, fait qu'il « est impossible de se mettre en mouvement plus tôt. Votre Seigneurie voudra bien me « communiquer le plus tôt possible quand et comment Lord Wellington sera attaqué pour « que je puisse prendre de mon côté les mesures opportunes. »

Les deux chefs des armées en présence. cantonnés sur la même route et à peu de distance l'un de l'autre, devisaient, la nuit du 17 juin 1815, sur le même grave sujet de la bataille du lendemain, avec la même confiance dans la victoire! — Wellington sûr du secours de Blücher — l'Empereur croyant au contraire être débarrassé des Prussiens par la poursuite de Grouchy!

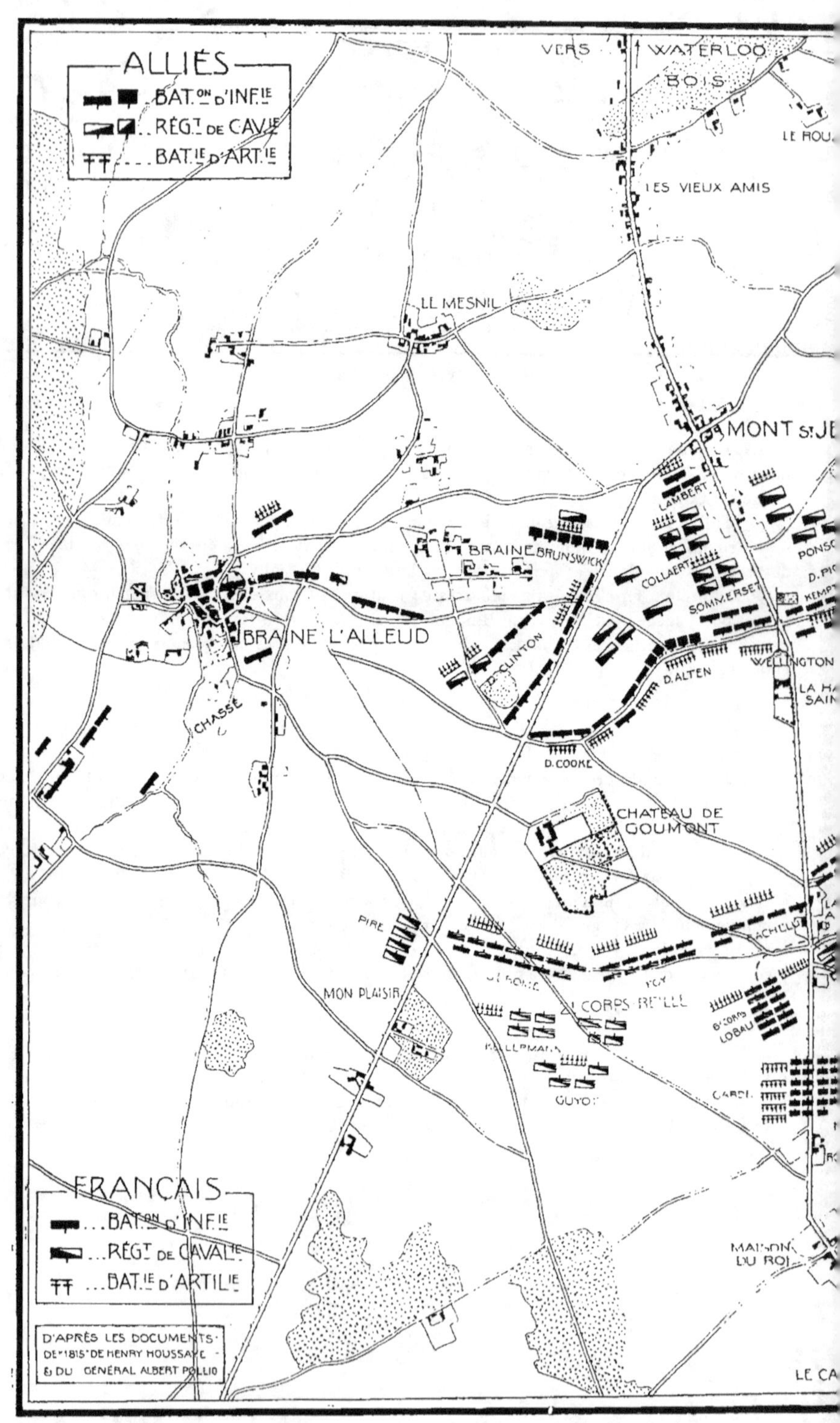

ALLIÉS
BAT.on D'INF.ie
RÉG.t DE CAV.ie
BAT.ie D'ART.ie
VERS
WATERLOO
BOIS
LE ROU
LES VIEUX AMIS
LE MESNIL
MONT S.t JE
LAMBERT
BRAINE BRUNSWICK
PONS
COLLAERT
D. PIC
SOMMERSET
KEMP
BRAINE L'ALLEUD
D. CLINTON
WELLINGTON
D. ALTEN
LA HA
SAIN
CHASSE
D. COOKE
CHATEAU DE
GOUMONT
PIRE
A
CHEL
MON PLAISIR
JEROME
FOY
I CORPS RE ILLE
B. CORPS
LOBAU
KELLERMANN
GARDE
GUYOT
FRANÇAIS
BAT.on D'INF.ie
RÉG.t DE CAVAL.ie
BAT.ie D'ARTIL.ie
MAISON
DU ROI
D'APRÈS LES DOCUMENTS
DE "1815" DE HENRY HOUSSAYE
& DU GÉNÉRAL ALBERT POLLIO
LE CA

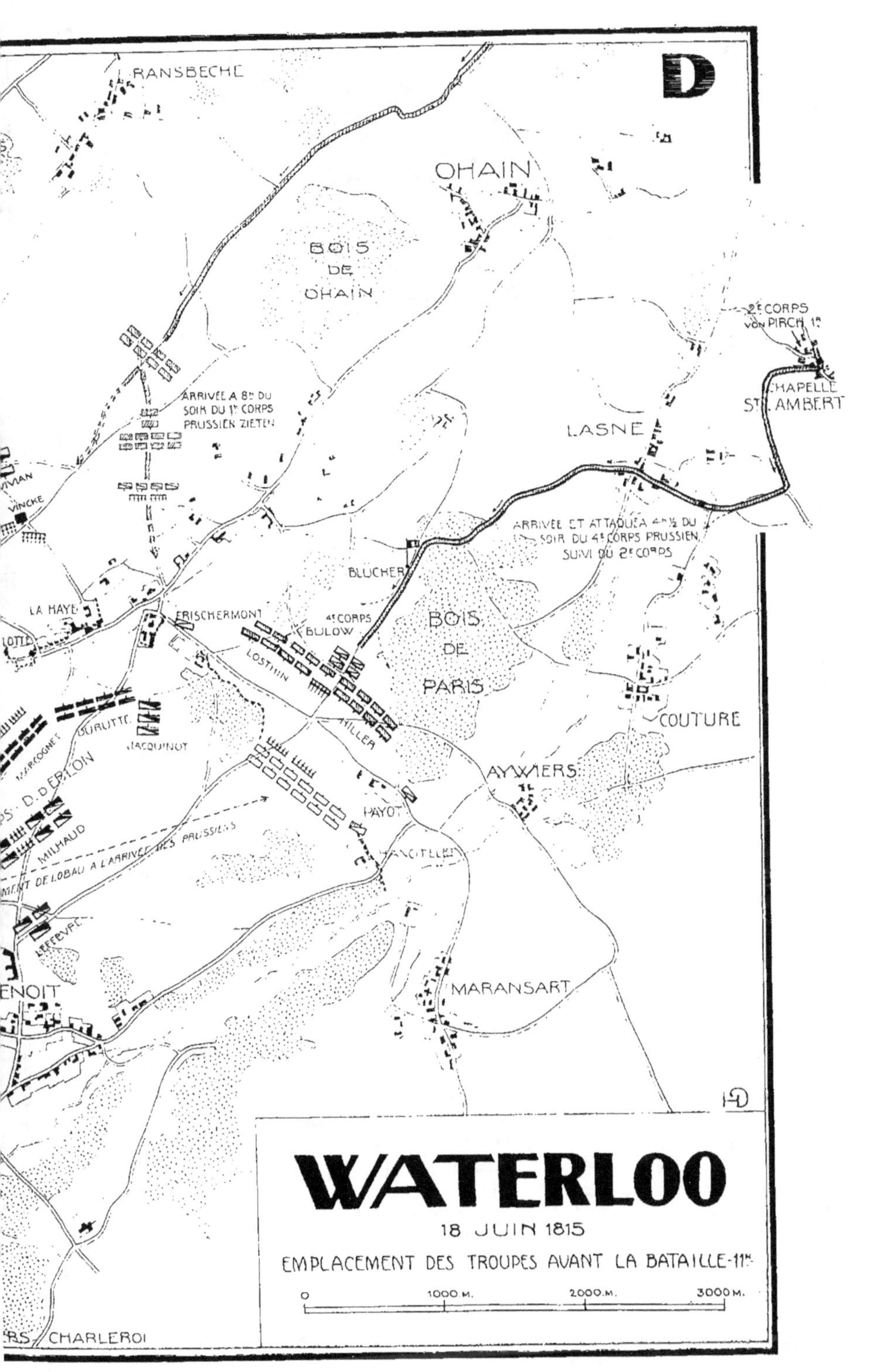
D
RANSBECHE
OHAIN
BOIS DE OHAIN
2º CORPS VON PIRCH 1º
CHAPELLE St. AMBERT
ARRIVÉE A 8ʰ DU SOIR DU 1º CORPS PRUSSIEN ZIETEN
LASNE
VIVIAN
VINCKE
ARRIVÉE ET ATTAQUÉ A 4ʰ½ DU SOIR DU 4º CORPS PRUSSIEN, SUIVI DU 2º CORPS
BLUCHER
LA HAYE
FRISCHERMONT
4º CORPS BULOW
BOIS DE PARIS
LOTTE
LOSTHIN
MARCOGNET
DURUTTE
HILLER
COUTURE
JACQUINOT
CORPS D. D'ERLON
AYWIERS
MILHAUD
PAYOT
MOUVEMENT DE LOBAU A L'ARRIVÉE DES PRUSSIENS
CROTELER
LEFEBVRE
BENOIT
MARANSART
RS CHARLEROI
WATERLOO
18 JUIN 1815
EMPLACEMENT DES TROUPES AVANT LA BATAILLE-11ʰ
0   1000 M.   2000 M.   3000 M.

« LE CAILLOU ». PORTE ACTUELLE

VIII

BATAILLE DE WATERLOO

18 juin 1815

◇ ◇ ◇ ◇

LE 18 juin, après une nuit pluvieuse, les troupes anglo-hollandaises allumaient de bonne heure les feux pour leur repas, car les distributions de vivres leur avaient été faites régulièrement. Puis, les armes et effets appropriés, les soldats étaient conduits par leurs officiers aux emplacements qu'ils devaient occuper pour la bataille que Wellington, sûr maintenant de l'appui de ses alliés, avait décidé d'accepter.

Comme on peut s'en rendre compte sur la carte D (p. 32-33), ces troupes occupaient un front très restreint par rapport aux effectifs, et une grande profondeur formée de plusieurs lignes.

La première était au bord du plateau de Mont-Saint-Jean, et la pente qui en descendait se terminait au chemin d'Ohain, alors encaissé assez profondément sur une grande partie. L'artillerie placée sur le bord de la crête et en avant de la première ligne était seule visible du bas.

Cette position était excellente pour la défensive, flanquée qu'elle était, en avant, par les château et fermes de Hougoumont, Haye-Sainte et Papelotte, points principaux très solidement mis en état de défense, formant ainsi des ouvrages avancés sérieux, à cause de leurs constructions massives.

Wellington avait environ 67.000 hommes et cavaliers et 175 pièces de canon, les autres troupes gardant entre Hal et Enghien les lignes de retraite. « Pendant que les troupes « prenaient leurs emplacements, Wellington, accompagné de Muffling et de quelques « officiers, parcourait la ligne de bataille. Il examinait en détail toutes les positions et « descendait jusqu'à Hougoumont. Souvent il braquait sa lunette sur les hauteurs occupées « par les Français. Il montait son cheval préféré, « Copenhague », superbe pur-sang bai « brun qui s'était aguerri à Vittoria et à Toulouse. Wellington portait sa tenue ordinaire « de campagne : pantalon de peau de daim blanc, bottes à glands, habit bleu foncé et court « manteau de même nuance, cravate blanche, petit chapeau sans plumes, orné de la grande « cocarde noire d'Angleterre et de trois autres de moindres dimensions aux couleurs du

« LE CAILLOU »

« Portugal, de l'Espagne et des Pays-Bas. Il était très calme, son visage reflétait la confiance
« que lui inspirait la coopération assurée de l'armée prussienne. » (H. HOUSSAYE. *1815*.)

Du côté des Français, ordre avait été donné aux troupes de se trouver à 9 heures à
leur place de bataille. Mais le mauvais temps de la nuit et de la matinée, l'éloignement de
plusieurs cantonnements, le temps nécessaire aux hommes pour remettre leurs vêtements et
leurs armes en état après la pluie torrentielle du 17, le long écoulement des troupes sur la
seule route pavée de Charleroi à Bruxelles, venant de leurs cantonnements du sud, — toutes
ces causes ne permirent pas aux corps français d'être sur leurs positions avant 11 heures.

Du reste, le terrain se prêtait encore fort mal aux évolutions de l'artillerie, et l'Empereur
ne se pressait pas, ignorant, hélas ! que chaque minute de retard rapprochait Blücher !

Il déjeunait au « Caillou », entouré des principaux de ses lieutenants, qui lui firent,
avec Soult, remarquer la solide position des Anglo-Hollandais.

A ce moment, et sur l'avis timide de Reille, il pensa manœuvrer, au lieu d'attaquer
de front les Anglais ; mais ce ne fut qu'un projet fugitif qui fit place aussitôt à la certitude
de la victoire telle qu'il l'avait conçue.

Il avait tellement foi dans son étoile qu'il ne crut pas devoir modifier, même avec
l'absence des 30.000 hommes de Grouchy, son plan d'attaque.

Il se porta à cheval jusqu'à la Belle-Alliance. Puis, au fur et à mesure de l'arrivée des
régiments sur le terrain, il les passa en revue, salué des acclamations enthousiastes et répé-
tées de ses braves troupes !

En face des 67.000 Anglo-Hollandais-Belges et de leurs 175 pièces de canon, Napoléon
avait, rassemblés sous sa main, un peu plus de 70.000 hommes avec 260 pièces d'artillerie.
La carte D (p. 32-33) indiquant les noms des divisionnaires à leur place de bataille, il est
superflu d'en faire la nomenclature.

Ainsi qu'on peut s'en rendre compte sur ce plan, les fronts des deux armées déployées
atteignaient à peine 4 kilomètres, alors qu'aujourd'hui la première ligne française, d'un
effectif équivalent, demanderait un développement beaucoup plus grand !

Il faut toutefois ajouter que s'il y avait entassement exagéré d'hommes sur les deux
lignes opposées, la distance de 1.000 mètres n'était pas très courte pour l'artillerie, car les
boulets n'avaient une portée normale que de 800 mètres environ ; et ce jour-là, le terrain
très amolli par la pluie laissait les projectiles s'enfoncer sans les faire ricocher.

Au moment où, vers 11 heures, l'Empereur allait donner le signal de l'attaque, le duc
de Wellington apprit par un officier prussien, reçu aux avant-postes, que Bulow était
arrivé à Saint-Lambert, se dirigeant sur Lasne et la droite française.

C'était pour le commandant anglais un renseignement, attendu il est vrai, mais positif,
et d'autant plus important et considérable qu'il était ignoré de l'Empereur et lui permettait
à lui, Wellington, de prendre toutes dispositions en conséquence.

PORTE D'ENTRÉE DE HOUGOUMONT

A 11h 3o le premier coup de canon fut tiré sur le château de Hougoumont et donna le signal de l'attaque de cette solide position qui gênait la marche en avant de toute l'aile gauche française et où Wellington avait entassé une forte garnison.

Le canon anglais répondit de suite aux batteries de Reille, et ce premier duel d'artillerie, avec Hougoumont pour enjeu, fut suivi de l'attaque des tirailleurs en colonnes par échelons qui mirent une heure à se rendre maîtres du taillis entourant le château du côté français.

Les ordres concernant la prise de Hougoumont furent mal transmis ou peu compris, car, devant la résistance fort solidement organisée des gros bâtiments en pierre du mur d'enceinte crénelé, crachant la mort et arrêtant les assaillants, il n'était pas nécessaire de sacrifier autant de vies humaines, mais plus pressant de passer outre et d'aborder les lignes anglaises.

La glorieuse obstination des troupes du 2e corps qui voulurent coûte que coûte pénétrer par la porte enfin enfoncée, après avoir déployé un courage et une audace surhumains, causa dans les rangs une effroyable hécatombe !

C'est surtout dans la cour du château que les corps à corps furent les plus sanglants.

Cette folle ténacité des soldats de Foy et du roi Jérôme ne servit qu'à augmenter l'amoncellement de morts et de blessés, car l'ennemi, renforcé par ordre de Wellington qui tenait à cette position et ne la quittait pas des yeux, reprit possession du terrain conquis si chèrement, à l'exception du petit bois qui seul restait au pouvoir des Français.

Pendant que cette lutte acharnée se déroulait autour et à l'intérieur du château d'Hougoumont, Napoléon faisait préparer la fameuse batterie de 8o pièces qui attaquait la gauche ennemie dont les canons répondaient bientôt avec vigueur.

Vers midi, l'Empereur apprenait par un hussard prussien, pris près de Lasne, dans une reconnaissance, que les troupes en vue du côté des bois de La Chapelle-Saint-Lambert formaient les têtes de colonne du 4e corps prussien (Bulow).

Ce n'était donc pas Grouchy ?

Il en parut moins surpris qu'on eût pu le supposer, car une dépêche, reçue de son aile droite, annonçant la marche sur Wavre à la suite de Blücher, n'était pas très explicite ni rassurante quant à l'arrivée probable de Grouchy au champ de bataille.

Cette dépêche avait rendu Napoléon rêveur et très perplexe.

Dès qu'il fut fixé sur l'arrivée inopinée de Bulow, il envoya un ordre plus pressant au maréchal Grouchy, le priant instamment d'apporter toute diligence à marcher sur Mont-Saint-Jean. Mais l'officier porteur de ce pli important ne devait pas parvenir au but, un accident lui étant arrivé en route. Il serait du reste arrivé trop tard.

Lobau reçut l'ordre de se porter de suite à la droite de l'armée, dans la direction du bois de Paris, d'où les Prussiens déboucheraient, avec l'espoir que la vaillance de ces dix mille braves, quoique très inférieurs au 4e corps prussien, pourrait arrêter sa marche !

En même temps le maréchal Ney, informé du grand désir de Napoléon de faire vite devant la menace sur sa droite, recevait l'ordre d'attaquer toute la ligne anglaise.

COUR INTÉRIEURE DE HOUGOUMONT

Aussitôt les quatre divisions du général d'Erlon, s'ébranlant au cri de « Vive l'Empe-
« reur ! », descendirent les pentes qui s'étendaient entre les deux plateaux d'où se canonnaient
les deux artilleries adverses, en traversant le fond du vallon formé d'une plaine boueuse.

Ces admirables bataillons, qui marchaient encore à ce moment alignés comme à une
revue, se dirigeaient en quatre échelons compacts et profonds sur les premiers rangs
anglais.

La tête de la division de gauche se porta sur La Haye-Sainte dont les défenseurs
s'étaient sérieusement fortifiés.

Comme à Hougoumont, cette attaque de l'infanterie manqua de préparation, et les
assaillants furent reçus par une grêle de balles et de mitraille.

Cependant la ferme est entourée.

Wellington qui se tient près de là, immobile, avec un flegme courageux, près du croi-
sement des chemins d'Ohain et de Bruxelles, voit le danger que vont courir ses soldats dans
la ferme. Il leur envoie du secours.

Mais Napoléon fait aussi appuyer l'attaque par une partie des cuirassiers de Milhaud
qui, dans leur élan, arrivent jusqu'au bord du plateau de Mont-Saint-Jean.

Pendant ce temps les autres divisions montent sous le feu rapproché des batteries
anglaises, escaladent la pente et repoussent les troupes hollando-belges de première ligne.

L'attaque semble avoir réussi, quand, pendant le temps employé au déploiement d'une
division à proximité du chemin d'Ohain, l'ennemi, qui avait reculé pour se dissimuler dans
les seigles, se relève et, des haies touffues du chemin, fait feu sur les assaillants massés. Un
certain fléchissement se produit dans l'attaque.

Les soldats de Picton en profitent et chargent à la baïonnette à plusieurs reprises :
c'est une mêlée terrible au milieu de laquelle tombe mortellement blessé le brave général
anglais.

La constitution hâtive et défectueuse de ces divisions en échelons, formés de bataillons
en masse qui comptaient 12, 27, 24 et 18 rangs, ne permettait guère qu'aux premiers
rangs de tirer : les autres servaient de cible à l'ennemi !

Les cuirassiers appuyaient cette attaque de l'infanterie à l'ouest de la grand'route.

Lord Uxbridge ne quittait pas des yeux l'assaut des Français et préparait une contre-
attaque avec sa cavalerie.

Il profita du moment d'arrêt et de confusion des colonnes françaises pour lancer sur
elles ce que le général Albert Pollio a nommé dans son ouvrage la « fleur de la cavalerie
anglaise » forte de dix régiments.

Ce fut un choc et un corps à corps formidables entre ces régiments d'élite et nos fameux
cuirassiers.

Ces derniers sont enfin obligés de reculer en désordre après avoir en vain essayé de
se reformer.

La brigade Ponsomby s'élance à son tour contre les colonnes de d'Erlon dont les batail-

CHAPELLE DE HOUGOUMONT

lons, secoués et rejetés les uns sur les autres, comme les vagues sous deux vents contraires, tellement l'espace leur manque, ne peuvent tirer et sont la proie facile des sabreurs anglais qui les repoussent pêle-mêle et les obligent à retourner sur leurs premières positions.

Mais la cavalerie anglaise, qui s'est engagée trop loin dans cette poursuite, malgré les ordres du commandant en chef, arrive en face de la grande batterie française où elle est à son tour attaquée par la division de Jacquinot bientôt renforcée par les cuirassiers de Milhaud remis en ordre.

Les cavaliers anglais sont repoussés avec de grandes pertes et le général Ponsomby tombe vaillamment au milieu de ses escadrons, percé d'un coup de lance.

Il fallait néanmoins abandonner La Haye-Sainte et à droite suivre le mouvement général de retraite.

Cette attaque qui avait coûté beaucoup de monde restait sans résultat!

Il était environ 3 heures lorsque prit fin cette lutte inégale, durant laquelle nos pauvres soldats, entassés les uns sur les autres, durent se laisser sabrer faute de temps et de place pour se déployer réglementairement comme ils auraient dû le faire et sans pouvoir riposter avec utilité.

On ne sait ce qu'il faut admirer le plus de la vigueur audacieuse de la cavalerie anglaise, ou de l'héroïsme de ces bataillons décimés qui mouraient au cri de « Vive l'Em-« pereur »!

Les pentes des deux versants opposés, où on se battait avec une telle rage un instant auparavant, étaient couvertes de morts et de blessés!

Au château de Hougoumont, la lutte continuait aussi acharnée et les cadavres s'y amoncelaient sans répit.

L'Empereur, pour en finir, donna l'ordre de faire approcher une batterie d'obusiers dont les projectiles mirent le feu aux bâtiments sans cependant empêcher les défenseurs de continuer leur feu meurtrier.

Il ne fut pas possible de se rendre maître de cette position.

Si Wellington avait pu repousser victorieusement jusqu'à 3 heures l'attaque française, il n'en était pas moins très inquiet. Bulow, qu'il avait espéré voir arriver vers 2 heures, ne s'était pas encore montré. Les Anglais pourraient-ils repousser une seconde attaque avant son arrivée?

Napoléon, de son côté, était fort ému. L'aide de Grouchy tant attendu allait lui manquer ou lui venir trop tard.

Et c'était un des principaux éléments de la victoire escomptée.

Que faire?

Battre en retraite en se retirant sur le plateau, puis par la route de Charleroi? Comment assurer le succès de cette retraite devant la menace prussienne sur sa droite?

MUR CRÉNELÉ DE HOUGOUMONT

Et le lendemain, en supposant que cette opération ait réussi, il lui faudrait tenir tête aux Anglais et aux Prussiens réunis, forts d'un effectif double du sien et alors que le plan de sa campagne était de battre l'un après l'autre Wellington et Blücher et le plus rapidement possible !

Et que dirait Paris ?

Et que penserait la France ?

Non ! il fallait enfoncer les Anglais avant l'entrée en ligne de leurs alliés; il n'y avait pas un instant à perdre : l'aiguille tournait trop vite au cadran de l'Europe... Que n'eût-il fait pour l'arrêter !

L'Empereur fait réunir toute l'artillerie et le duel formidable reprend. Puis il demande à Ney un nouvel effort et une seconde attaque du centre anglais en commençant par La Haye-Sainte pour point d'appui et en faisant faire, par la cavalerie de Piré, diversion sur Braine-l'Alleud.

Mais la seconde attaque de la ferme n'a pas plus de succès que la première.

« La terre tremblait sous le bruit des canons, et l'artillerie française, plus nombreuse « et mieux dirigée, infligeait des pertes graves dans les files anglaises. » (Général POLLIO.)

Wellington fait reculer sa première ligne d'infanterie en arrière de la crête du plateau, pour la soustraire aux coups de l'artillerie française, et, laissant les canons sur cette crête, laisse supposer la retraite de l'ennemi !

Ce fut du moins l'opinion du maréchal Ney qui donna l'ordre de la charge à deux divisions de cuirassiers, ordre qui fit dire, paraît-il, à l'Empereur : « C'est trop tôt d'une heure. »

Des auteurs prétendent que cette charge fut au contraire consentie et approuvée par Napoléon qui, nous l'avons vu, avait des motifs impérieux de faire vite. Il n'est donc pas impossible qu'il ait vu d'un bon œil Ney ordonner cette charge, tout en regrettant qu'elle n'ait pas été mieux préparée. Mais personne à ce moment ne pouvait supposer qu'elle aurait un résultat si éloigné du but à atteindre !

Wellington ne songeait guère à la retraite. Au moment où on lui supposait ce mouvement, du côté français, il renforçait son centre en arrière de sa première ligne, placée à l'abri du canon.

L'État-major anglais se demandait anxieusement quel mouvement, dans le moment délicat où il se trouvait, allait ordonner Napoléon. Car toujours il avait étonné ses ennemis, à l'instant critique de la bataille, par ses décisions et ses manœuvres aussi promptes et géniales qu'imprévues.

Ce fut une véritable surprise que provoqua, dans l'État-major anglais, la descente de cette cavalerie qui allait se heurter à une infanterie solide et entraînée à la résistance passive.

De suite celle-ci fut formée en carrés alors que les canons de la crête du plateau, délestés

DÉTAIL DU MUR CRÉNELÉ DE HOUGOUMONT

de leurs attelages portés en arrière, se préparaient à vomir la mitraille à bonne portée jusqu'au moment où leurs servants, sur le point d'être abordés, chercheraient asile dans les carrés.

Ces préparatifs, exécutés avec la plus grande célérité, ne furent pas aperçus des Français.

« En avant ! Il s'agit du salut de la France ! »

C'est en ces termes que le maréchal Ney ordonnait à 5.000 cavaliers français l'attaque d'un ennemi invisible, ceinturé de nombreuses bouches à feu qui, dès les premiers rangs entrés dans la zone dangereuse, crachèrent leur mitraille dévastatrice dans les files de ces beaux régiments.

Ceux-ci avaient dû ralentir leur mouvement à la montée du plateau, alourdis par un terrain mou, parsemé de haies épaisses et les chevaux disparaissant en partie dans les seigles.

De plus, les cavaliers de quelques escadrons bousculés dans le chemin creux d'Ohain jetaient le désordre toujours redoutable pour le bon résultat d'une charge.

Ils arrivèrent presque arrêtés sur la crête après que les dernières décharges des canons anglais eurent couché à terre une grande partie des hommes de première ligne.

Pendant ce temps, les soldats anglais, admirables de calme, entendaient, muets et impassibles, le bruit de cette charge qui montait, les « Vive l'Empereur ! » qui se rapprochaient.

« Les canons se sont tus, mais la fusillade roule et crépite. Entre la route de Nivelles
« et la route de Bruxelles, vingt bataillons anglais, hanovriens, brunswickois, allemands,
« forment deux lignes de carrés en échiquiers. Les balles frappent sur les cuirasses avec le
« bruit de la grêle sur les toits d'ardoise. Cuirassiers et lanciers, les rangs déjà rompus
« par le feu, par la montée, par le passage même de cette haie de canons, fondent sur les
« carrés. Mais du bord du plateau où ils prennent le galop jusqu'à la première ligne
« d'infanterie, le champ leur fait défaut. La charge manque d'élan et par conséquent d'action.
« Les Anglais sont en carrés sur trois rangs, le premier rang, genou terre, le bec des crosses
« appuyé au sol, les baïonnettes inclinées formant chevaux de frise. Malgré leurs coups
« d'éperons et leurs coups de sabre, malgré leur vaillance et leur rage, les cavaliers ne
« peuvent percer ces murs d'hommes. Ils obliquent à droite et à gauche, et, sous les feux
« croisés, vont charger les carrés de la seconde ligne.
« Comme les vagues aux vagues, les escadrons succèdent aux escadrons. La nappe de
« cavalerie inonde tout le plateau. Cuirassiers, chasseurs, lanciers rouges tourbillonnent
« autour des carrés, les assaillent sur les quatre faces, s'acharnent contre les angles, rabattent
« les baïonnettes à coups de sabre, trouent les poitrines à coups de lances, déchargent leurs
« pistolets à bout portant, et, en des luttes corps à corps, font des brèches partielles aussitôt
« fermées.
« Lord Uxbridge voit cette mêlée. Les deux tiers de sa cavalerie n'ont pas donné. Il
« lance sur ces masses en désordre les dragons de Dornberg, les hussards d'Arenschild, les
« lanciers noirs de Brunswick, les carabiniers hollandais de Trip, les deux brigades hollando-

MAISON DE WATERLOO OU WELLINGTON AVAIT ÉTABLI
SON QUARTIER GÉNÉRAL.

« belges de van Merlen et de Ghigny, en tout 5.000 chevaux frais. Ils ont le nombre,
« ils ont la cohésion. Les Français plient sous le choc, refluent dans les intervalles des
« carrés, échappent aux sabres pour tomber sous les balles. Ils abandonnent le plateau. Les
« canonniers racourent à leurs pièces ; sur toutes les crêtes se rallume la ligne de feu des
« batteries anglaises. » (H. HOUSSAYE. *1815*.)

Reconduits par la cavalerie ennemie, les escadrons de Milhaud et de Lefebvre-
Desnouettes n'étaient pas encore arrivés dans le vallon qu'ils se reformaient intrépides,
furieux, haletants et décidés à renverser les carrés anglais ou à grossir de leurs corps et de
ceux de leurs chevaux ceux déjà nombreux entassés, dès la première charge, autour des
murailles d'acier formées par les baïonnettes anglaises.

Ils remontent avec enthousiasme, attaquent à nouveau avec fureur, frappent en vain
dans ces lignes admirables d'immobilité qui résistent sans se laisser entamer, et sont encore
une fois repoussés et obligés d'aller se reformer à l'abri de la mitraille !

Les 78 canons anglais restés eux aussi à leur place avaient accueilli de leurs sanglantes
bordées la seconde charge ; on ne pouvait les emporter, les avant-train et les chevaux
manquant, mais on ne tenta pas de les enclouer.

L'Empereur très impressionné avait cru un moment tenir la victoire, malgré l'heure
inopportune de ces charges. Il put bientôt se rendre compte, devant la défense obstinée des
Anglais, que les événements prenaient une tournure inquiétante, car à ce même instant,
vers 4h 30, il apprenait l'entrée en ligne des Prussiens de Bulow, déployés à la sortie du
bois de Paris devant le corps de Lobau chargé de leur tenir tête.

Qu'il ait ou non approuvé ou ordonné la charge, Napoléon se voyait maintenant
contraint de la soutenir. Ce fut Kellermann qui reçut l'ordre d'aider de ses quatre brigades
de grosse cavalerie, les divisions qui venaient par deux fois d'affronter les boulets et les
fantassins anglais et de tracer de leur sang une si belle page d'héroïsme à ajouter à toutes
celles, nombreuses, de l'histoire de la Cavalerie française.

Autant dans le camp français on était nerveux, exalté et mûr pour toutes les folies
héroïques, autant Wellington donnait autour de lui l'exemple du plus parfait sang-froid —
exemple qui fut suivi par ses soldats anglais, hollandais et belges, dont la calme défensive
est digne d'admiration !

Il savait les Prussiens tout proches ; il s'étonnait même de ne pas avoir encore entendu
leur canon ; mais il voulait à tout prix rester sur ses positions, sans faire un pas, sans risquer
un mouvement qui eût pu, en un instant, compromettre les résultats de sa défense obstinée
contre les assauts répétés des cavaliers de Napoléon.

Une troisième fois, après une nouvelle préparation de l'artillerie française, la charge
remonte renforcée ; ils sont cette fois plus de 6.000 entassés les uns contre les autres au
point d'en faire soulever les chevaux !

FERME DE MONT-SAINT-JEAN
(QUI SERVIT DE GRANDE AMBULANCE ANGLAISE)

Et pour la troisième fois, après des combats partiels des plus meurtriers au cours desquels tous les généraux sont ou tués, comme le brave Donop, ou blessés, ces héros malheureux sont encore repoussés par la cavalerie de Wellington augmentée elle aussi des régiments belges accourus de Braine-l'Alleud.

Ney, dont la mort ne voulait pas, et qui avait eu trois chevaux tués sous lui, reforme cette cavalerie indomptable et pour la quatrième fois la mène à l'assaut de Mont-Saint-Jean, toujours au cri de « Vive l'Empereur »! C'est un acharnement et une rage folle, mais qui va venir encore une fois se briser non plus maintenant contre les baïonnettes, mais sur les remparts que forment les morts et les mourants, hommes et chevaux, et qui empêchent d'approcher des carrés dont le feu devient de plus en plus sanglant !

Ces pauvres débris de si magnifiques régiments sont à leur tour et de nouveau sabrés par les cavaliers ennemis. Des deux côtés les hommes sont à bout, exténués, — les chevaux harassés.

Les Français se replient découragés cette fois d'une lutte stérile et qui devient trop inégale.

Napoléon parcourait, fiévreux, la ligne de bataille au milieu de la grêle des projectiles qui ne voulaient pas l'atteindre ! Deux généraux de son escorte tombaient blessés et un troisième tué.

Ney reçoit l'ordre de s'emparer coûte que coûte de La Haye-Sainte.

Le « Brave des Braves » ne se fait pas prier et, espérant cette fois tomber glorieusement face à l'ennemi au milieu de ses soldats, il se met à la tête du 13e léger qui est reçu par une pluie de fer. Les assaillants tombent nombreux mais enfin ils prennent possession de la ferme.

C'était à ce moment, dans le camp ennemi, le désordre et l'anxiété; Wellington pouvait voir maintenant, au loin, Bulow presser le flanc droit de Napoléon, mais il était lui-même en très peu brillante position.

Ney l'avait bien remarqué ! Et s'il avait pu avoir à cet instant une division de troupes fraîches, il se faisait fort d'enlever enfin le centre anglais !

Mais Napoléon ne fut pas de son avis, puisqu'il ne voulut pas lui confier sa Garde.

Bulow, arrivé, comme nous l'avons dit, vers 4h 30 en vue du corps de Lobau, avait déployé ses premières colonnes de façon à déborder les ailes du maréchal français !

Ce fut là aussi un combat acharné !

Mais que pouvaient les 10.000 soldats du 6e corps contre les 30.000 du 4e prussien qui, n'ayant pas combattu à Ligny, avaient hâte de se tailler des lauriers au fur et à mesure de leur arrivée sur le champ de bataille, et stimulés par le vieux Blücher avide de revanche !

Les bataillons de Lobau reculent; Plancenoit est pris.

Alors l'Empereur appelle ses vieux bonnets à poil qui repoussent les Prussiens à la baïonnette et aident le 6e corps à reconquérir une partie du terrain perdu !

Pendant ce temps la lutte continuait acharnée à Hougoumont !

FERME DE LA HAYE-SAINTE

Il était 7ʰ 30.

Wellington avait, depuis les charges héroïques de Ney, vivement désiré la nuit et les Prussiens.

La nuit arrivait, les Prussiens étaient là.

C'était plus qu'il n'en fallait pour le faire enfin sortir de son indomptable immobilité.

La cavalerie, sauf les fuyards, est rassemblée.

Napoléon fait former en carrés solides neuf bataillons de sa Garde et, avec eux, marche aux Anglais ! Pendant ce temps Wellington a raffermi sa ligne avec des troupes fraîches accourues du fond de Mont-Saint-Jean et la division Chassé.

A ce moment, terrible coup de théâtre, le 1ᵉʳ corps prussien (Zieten) débouche sur la gauche anglaise et lui apporte le renfort de ses premières brigades.

Pour la seconde fois ce n'était pas Grouchy !

Tout autre que Napoléon eût désespéré.

Lui, il espéra encore !

Et l'arrivée d'une partie du 1ᵉʳ corps prussien lui fournit l'occasion de donner tout de suite l'ordre d'attaque générale avec toutes les troupes debout !

« Une retraite vers 7 heures du soir, le 18 juin, aurait été pour Napoléon un prolon-
« gement de son agonie. Persévérer dans le combat ce pouvait être un suicide; mais c'était
« une résolution digne de lui, — digne de l'armée française et ce pouvait être le salut. »
(Général Pollio.)

Bataillons de la Garde en échelons, infanterie, cavalerie, c'est une longue ligne qui monte encore une fois à l'assaut des pentes de Mont-Saint-Jean sous l'œil de l'Empereur et de Ney qui a un cinquième cheval tué sous lui et tombe à terre.

Mais l'artillerie anglaise, formant un grand arc de cercle autour de cette immense colonne, la crible de boulets.

Des feux de salve la reçoivent à son arrivée sur la crête et mettent l'inquiétude dans les rangs.

Ces vieux grognards, toujours prêts pour le sacrifice, commencent à douter de la victoire.

Le découragement précède la panique !

Le général Friant de la Garde est tué ! La colonne continue d'avancer lorsque, au commandement de Wellington, 2.000 de ses fantassins, pressés sur quatre rangs, se dressent tout à coup au-dessus des seigles et lancent une salve qui met à terre près de la moitié de la colonne.

Puis, sans attendre que les assaillants se remettent de leur sanglante surprise, les Anglais, Hollandais et Belges s'élancent à la baïonnette.

Sous un feu terrible, les Français, abordés par deux autres brigades, sont repoussés encore une fois !

PONT DE GENAPPE

La Garde reculait !

A droite, les Prussiens de Bulow et de Zieten, sous l'énergique impulsion de Blücher, achevaient par leur masses de jeter la panique dans les rangs français qui, un moment, avaient pris Zieten pour Grouchy (espoir le matin, fatalité le soir).

Et au lieu de Grouchy c'était un second corps prussien qui entrait en action.

Ce fut le signal de la déroute.

Wellington, enfin libre de toute crainte et sûr maintenant de la coopération en nombre suffisant de ses alliés, juge le moment venu d'une contre-attaque générale et lève en l'air son chapeau.

Ses généraux ont compris le geste, le répètent et emportent leurs soldats à la poursuite des Français !

40.000 fantassins, cavaliers, artilleurs, descendent en trombe les pentes de Mont-Saint-Jean, immense filet d'acier semant la mort et duquel l'armée française ne pourra échapper ! — Dans cette charge formidable, Lord Uxbridge, gravement blessé, doit se faire couper la jambe.

Devant cette marée d'ennemis sûrs de la victoire, tout cède.

Bulow et Zieten achèvent ce mouvement et de Plancenoit s'élancent aussi à la poursuite.

L'Empereur veut cependant assurer la retraite, et forme ce qui reste de la Garde en trois carrés.

Au centre d'un de ces carrés, glorieux souvenirs de tant de champs de bataille, Napoléon s'était réfugié, entouré de Ney — que la mort voulait décidément épargner — de Soult, Labédoyère, Bertrand, Cambronne et d'autres !

L'épée à la main, serrés autour du drapeau, ils encouragent ces braves à finir dignement.

Mais s'ils veulent bien mourir pour leur Empereur, ils le supplient, lui, de ne pas s'exposer plus longtemps.

Il faut l'énergie de Soult pour prendre son cheval par la bride et l'emmener en dehors du carré qui se referme sur Cambronne resté seul au milieu de cette phalange immortelle !

Entouré de toutes parts, il est sommé de se rendre.

On sait par quelle apostrophe mémorable il accueillit la sommation !

Et quelques minutes après il recevait une balle en plein front qui le mettait hors du combat et de la retraite.

C'était le râle de cette armée qui pendant de longues années avait fait trembler l'Europe.

C'était la chute et la fin de l'Empereur !

La déroute fut effrayante.

Poursuivi pendant toute la nuit par les Prussiens jusqu'à 12 kilomètres du champ de bataille, cette pauvre armée ne fut plus qu'une cohue informe et affolée de fuyards traqués dans tous les villages, les fermes et les bois.

L'Empereur lui-même faillit tomber aux mains des ennemis et dut abandonner, avec sa berline, un trésor d'un grand prix.

« LA BELLE-ALLIANCE »

A cheval toute la nuit, il parvint vers 5 heures à Charleroi entouré de quelques fidèles généraux et soldats.

Vers 9ʰ 3o, Blücher, triomphant, avait rencontré Wellington à La Belle-Alliance où ils se félicitèrent mutuellement de la victoire remportée.

Les pertes de la journée (en morts, blessés et prisonniers) étaient :

Pour les Français . . . . d'environ 30.000 hommes,
pour les Anglo-Hollandais . . . . de   15.000 hommes,
et pour les Prussiens . . . . de   7.000 hommes.

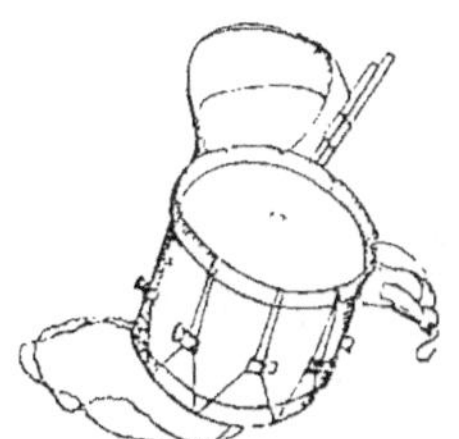

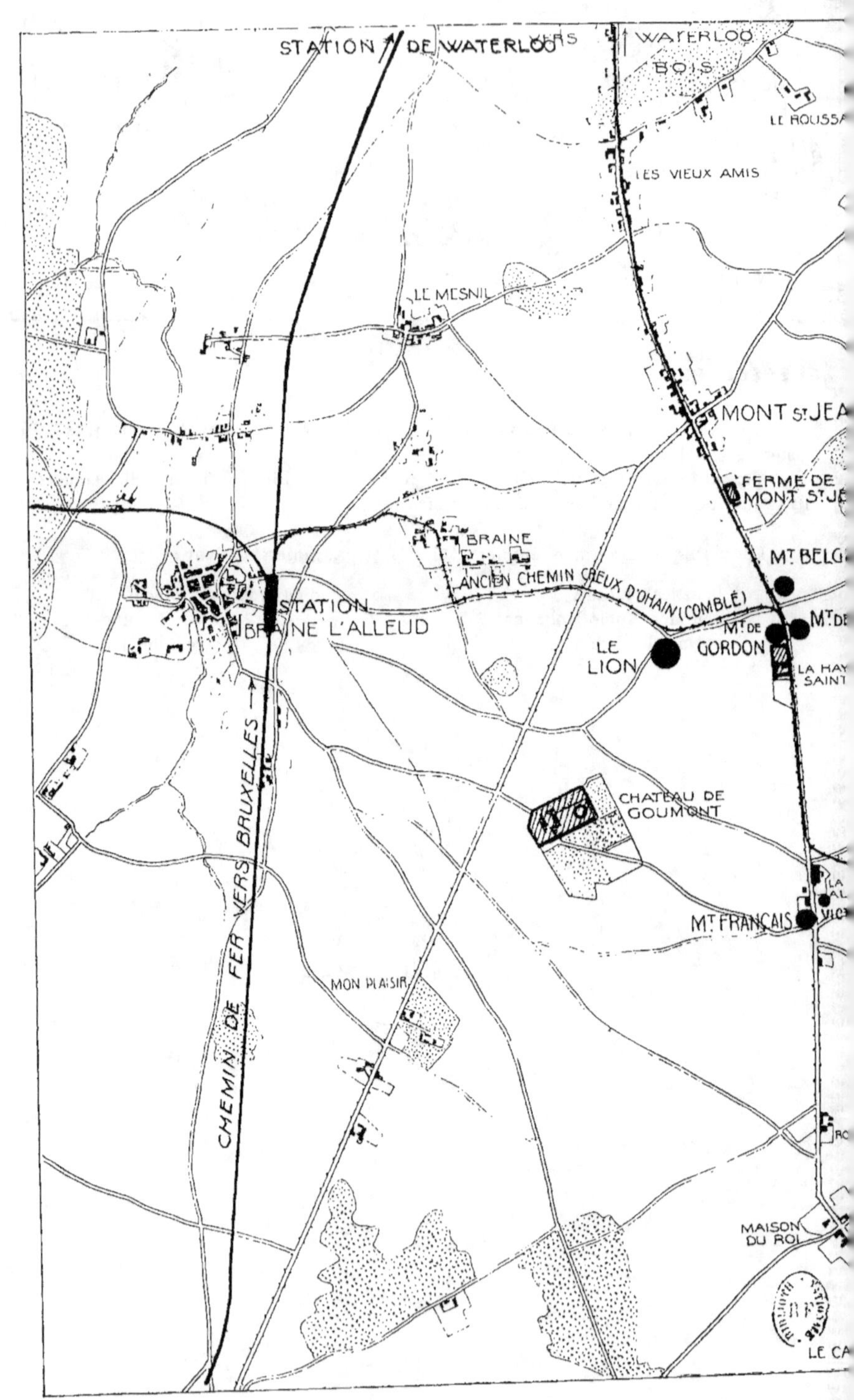

STATION DE WATERLOO
VERS
WATERLOO
BOIS
LE ROUSSA
LES VIEUX AMIS
LE MESNIL
MONT St JEA
FERME DE
MONT St JE
BRAINE
Mt BELG
ANCIEN CHEMIN CREUX D'OHAIN (COMBLÉ)
Mt DE
Mt DE
GORDON
LE
LION
LA HAY
SAINT
STATION
BRAINE L'ALLEUD
CHEMIN DE FER VERS BRUXELLES
CHATEAU DE
GOUMONT
Mt FRANÇAIS
LA
AL
VIC
MON PLAISIR
MAISON
DU ROI
LE CA

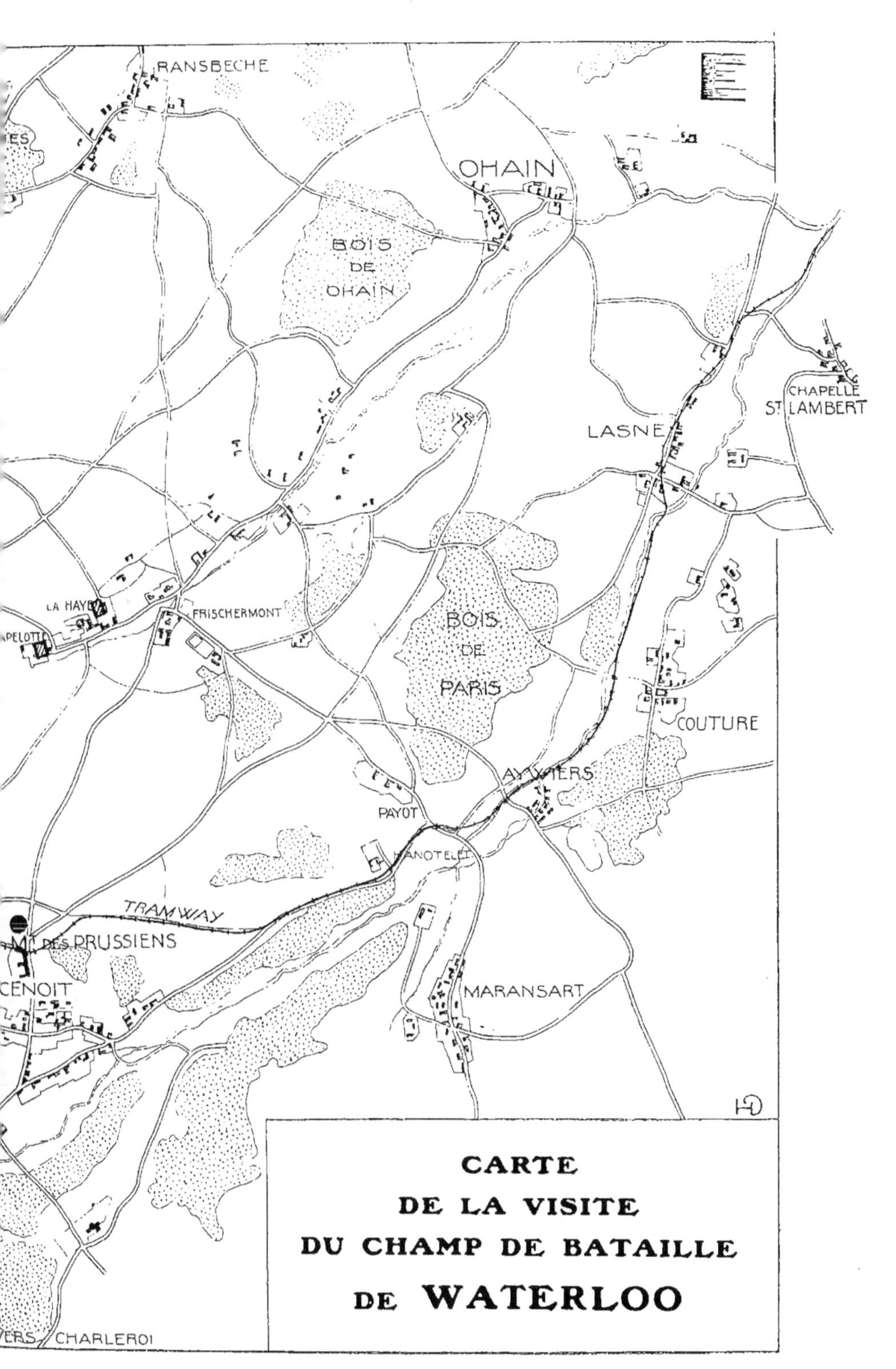

RANSBECHE
OHAIN
BOIS DE OHAIN
CHAPELLE St LAMBERT
LASNE
LA HAYE
FRISCHERMONT
PELOTTE
BOIS DE PARIS
COUTURE
AYWIERS
PAYOT
ANOTELET
TRAMWAY
Mt DES PRUSSIENS
CENOIT
MARANSART
CHARLEROI
CARTE
DE LA VISITE
DU CHAMP DE BATAILLE
DE WATERLOO

TABLE DES MATIÈRES

CARTES

Photographies, cartes et
vignettes de l'auteur d'après
originaux authentiques

Imprimerie Berger-Levrault
Nancy - Paris - Strasbourg